明史

清　張廷玉等撰

第九册

卷一〇〇至卷一〇二（表）

中華書局

明史卷一百

表第一

諸王世表一

明太祖建藩，子孫世系預錫嘉名，以示傳世久遠。當神宗中葉，僅及祖訓之半，而不億之麗，宗祿虧乏，議者遂有減歲祿，限宮媵，且限支子之請。由是支屬承祧者，親王無旁推之恩；羣從繼世者，郡封絕再襲之例；以及名婚不時有明禁，本折互支無常期。啓、禎時，軍餉告絀，大農蒿目，安能顧贍藩維。親王或可自存，郡王以至中尉空乏尤甚。一旦盜起，無力禦侮，徒手就戮，宗社爲墟，惜哉！

考之史册，漢諸王表與王子侯離而不屬，世次難明。唐宗族蕃大，源遠流長，然諸王以不出閤，不分房，子孫皆闕而不著。宋史於太祖、太宗、魏王廷美之裔，迄臨安淪沒，悉載譜牒，而賢愚並列，漫無裁割。茲表明代親王至郡王而止，以從史、漢諸王及王子侯之例。

又彷唐宗分房法，繫各府郡王於親王之下，如小宗之從大宗。其餘不得封者，概不載。

洪武中，太祖以子孫蕃衆，命名慮有重復，乃於東宮、親王世系，各擬二十字，字爲一世。子孫初生，宗人府依世次立雙名，以上一字爲據，其下一字則取五行偏旁者，以火、土、金、水、木爲序，惟靖江王不拘。東宮擬名曰：允文遵祖訓，欽武大君勝，順道宜逢吉，師良善用晟。秦府曰：尚志公誠秉，惟懷敬誼存，輔嗣資廉直，匡時永信惇。晉府曰：濟美鍾奇表，知新慎敏求，審心咸景慕，述學繼前修。燕府後爲帝系，曰：高瞻祁見祐，〔一〕厚載翊常由，慈和怡伯仲，簡靖迪先猷。周府曰：有子同安睦，勤朝在肅恭，紹倫敷惠潤，昭格廣登庸。楚府曰：孟季均榮顯，英華蘊盛容，宏才升博衍，茂士立全功。齊府曰：賢能長可慶，睿智實堪宗，養性期淵雅，寅思復會通。魯府曰：肇泰陽當健，觀頤壽以弘，振舉希兼達，康莊遇本寧。蜀府曰：悅友申賓讓，承宣奉至平，懋進深滋益，端居務穆清。湘府曰：久鎮開方岳，揚威謹禮儀，剛毅循超卓，權衡素自持。代府曰：遜仕成聰俊，充廷鼐鼎彝，傳貽連秀郁，炳燿壯洪基。肅府曰：瞻祿貢眞弼，縉紳識烈忠，曦暉躋當運，凱諫處恒隆。遼府曰：貴豪恩寵致，憲術儼尊儒，雲仍祺保合，操翰麗龍輿。慶府曰：秩邃寘台鼒，倪伸帥倬奇，适完因巨衍，鶩眘發需昆。寧府曰：磐奠覲宸拱，多謀統議中，總添支庶闊，作哲向親衷。岷府曰：徽音膺彥譽，定幹企禋雍，崇理原諮訪，寬鎔喜賁從。谷府曰：賦質僖雄敞，叢興闡福昌，篤諧恂懌豫，擴霽昱禎祥。韓府曰：沖範徵偕旭，融謨朗璟遠，亶韶愉灝愷，令緒价蕃維。瀋府曰：佶幼詮勛胤，恬珵效迥瑝，湜源諲晳暐，圭璧澈澄昂。安府曰：斐序斌廷賞，凝覃濬祉襄，恢嚴顥輯矩，縝密廓程綱。唐府曰：瓊芝彌宇宙，碩器聿琳琚，啟齡蒙頌體，嘉曆協銘圖。郢府曰：偉聞參望奭，簽誨泊臯夔，麒麟餘積兆，奎穎曄璿璣。伊府曰：顒勉諟訏典，褒珂采鳳琛，應嚀頒胄選，昆玉冠泉金。靖江王曰：贊佐相規約，經邦任履亨，若依純一行，遠得襲芳名。考明代帝系，熹宗、莊烈二帝名，始及「由」字。其他王府，亦多不出十字。

親王之子，例封郡王。若以支屬嗣者，自後長子襲封親王外，餘子仍照原封世次，授以本等爵級，不得冒濫郡爵。郡王無子，兄弟及兄弟之子不得請襲，違者爲冒封。皆萬曆七年例也。

太祖二十六子。懿文太子外，皇子楠未封。成祖以洪武三年封燕王，後尊爲帝系，不得仍列之藩封世次。其得封者二十三王，曰秦愍王樉，曰晉恭王棡，曰周定王橚，曰楚昭王楨，曰齊王榑，曰潭王梓，曰趙王杞，曰魯荒王檀，曰蜀獻王椿，曰湘獻王柏，曰代簡王桂，曰肅莊王楧，曰遼簡王植，曰慶靖王㮵，曰寧獻王權，曰岷莊王楩，曰谷王橞，曰韓憲王松，曰瀋簡王模，曰安惠王楹，曰唐定王桱，曰郢靖王棟，曰伊厲王㰘。而靖江王以南昌嫡孫受封郡王，附載於後。

秦
愍王樉，太祖嫡二子，洪
隱王尙炳，愍嫡一子，洪
僖王志堩，隱嫡一子，永

武三年封。十一年就藩西安府。二十八年薨。

武二十八年襲封。永樂十年薨。

樂十年襲封。二十二年未娶薨。懷王志均，隱庶二子，初封渭南王，永樂二十二年進封。宣德元年未娶薨。

康王志墍，隱庶三子，初封富平王，宣德三年進封。景泰六年薨。

惠王公錫，康嫡一子，天順二年襲封。成化二十二年薨。

簡王誠泳，惠庶一子，成化四年封鎮安王，弘治元年襲封秦王。十一年薨。無子。

昭王秉欆，簡從弟臨潼王誠澯庶一子，初襲臨潼王，弘治十三年嗣封秦王。追謚其祖公銘爲

定王惟焯，昭庶一子，正德四年襲封。嘉靖二十三年薨。無子。

宣王懷埢，定再從弟奉國將軍惟燫之子，初封鎮國中尉，嘉靖二十七年嗣封秦王。追謚其曾

靖王敬鎔，宣庶一子，初封隆德王，隆慶三年襲封。萬曆四年薨。

敬王誼漶，靖嫡一子，萬曆三年封世子，九年襲封。十四年薨。無子。

王誼漶，靖嫡三子，萬

存樞，誼漶子，萬曆

安王，父誠潒爲莊王。十四年薨。

祖鎮國將軍誠潤爲恭王，祖輔國將軍秉柎爲順王，父惟熑爲端王。誠潤，安庶二子也。四十五年，宣王

曆十三年襲封奉國中尉，十四年加封紫陽王，十五年進封。

年襲封。崇禎末陷於賊。〔三〕

	永興	懿簡王尚烈，愍嫡二子，永樂元年封。十五年薨。
		恭憲王志墣，懿簡庶一子，永樂二十年襲封。〔三〕景泰五年薨。
		昭僖王公鉐，恭憲庶一子，景泰六年襲封。弘治元年薨。
		榮惠王誠灟，昭僖嫡一子，弘治四年襲封。正德二年薨。二子俱殀。
		莊定王秉欅，榮惠從姪，正德六年以奉國將軍嗣封。嘉靖十二年薨。王以從姪由將軍
		恭定王惟燿，莊定庶一子，嘉靖十七年襲封。萬曆二年薨。王自首冒封，不再襲，除。
薨。		

	保安 懷僖王尚煜，愍嫡三子，永樂元年封。七年薨。
	悼順王志堩，懷僖庶一子，永樂十九年襲封。正統元年薨。
	莊簡王公鍊，悼順嫡一子，正統十一年襲封。成化十一年薨。
	榮穆王誠潢，莊簡嫡一子，成化十四年襲封。弘治八年薨。無子。 昭和王誠淥，莊
進封，據例爲冒。	

簡庶一子，弘治十年以鎭國將軍進封。十四年薨。無子。

靖和王誠潋，莊簡庶二子，正德三年以鎭國將

恭懿王秉棧，靖和庶一子，嘉靖六年以鎭國將

	興平恭靖王尚炌，愍庶四子，永樂初封。正統十四年薨。
	莊惠王志壈，恭靖嫡一子，景泰三年襲封。天順元年薨。
軍進封。十四年薨。	
軍襲封。因王父冒封，例不再襲，除。	

	永壽	懷簡王尚灴，愍庶五子，永樂初封。十八年薨。
無子，除。		安惠王志墇，懷簡嫡一子，宣德六年襲封。成化六年薨。
		康定王公鋌，安惠嫡一子，成化八年襲封。九年薨。
		莊僖王誠淋，康定庶一子，成化十二年以鎮國將軍襲封。弘治八年薨。
		恭和王秉欓，莊僖庶一子，弘治十年以鎮國將軍襲封。嘉靖十七年薨。庶一子惟燿先
		惟燿初封鎮國將軍，嘉靖七年卒，以子懷墡襲封。追謚懷順王。
		榮靖王懷墡，懷順庶一子，嘉靖二十八年襲封。二十九年薨。
		王敬鏞，榮靖嫡一子，嘉靖三十一年襲封，薨。
		王誼況，敬鏞嫡一子，萬曆五年封長子。三十三年襲封。四十二年薨。
		王存桑，誼況庶一子，萬曆二十七年封長孫。三十三年改封長子。四十五年襲封。

卒，庶六子惟燱以母邵氏封妃，自謂嫡子當立，請襲得允。後惟燿子懷墡奏辨。會議以邵氏因內助進

安定

尙炌，愍庶六子，永樂初封。十六年削爲庶人，發守愍王

封，惟熿不得稱嫡，乃以懷墡襲封。

墳圍，除。		
	宜川 莊靖王志埰，隱庶三子，宣德元年封。正統十三年薨。	
	榮順王公銃，莊靖庶一子，景泰二年襲封。成化二十年薨。	臨潼 惠簡王
	康僖王誠灌，榮順庶一子，弘治三年以鎮國將軍襲封。九年薨。	和僖王
	思裕王秉橘，康僖嫡一子，弘治十三年襲封。嘉靖元年薨。無子，除。	

公銘，康庶三子，正統七年封。成化十年薨。	郃陽　惠恭王
誠潔，惠簡嫡一子，成化十三年襲封。弘治五年薨。後子秉櫰嗣秦封，郡爵不再襲。	溫穆王

公鐽，康庶四子，正統七年封。成化七年薨。

誠泓，惠恭庶一子，成化十二年以鎮國將軍襲封。弘治七年薨。子秉柔，卒。

悼安王誠澮，惠恭庶二

安僖王秉檄，悼安嫡一

	汧陽端懿王公鐕，康庶五子，正統十一年封。弘治八
子，弘治七年以鎮國將軍進封。本年薨。	安裕王誠洌，端懿嫡一子，弘治十年襲封。十五
子，正德三年以輔國將軍襲封。本年薨。無子，除。	莊靖王秉榛，安裕庶一子，正德三年襲封。嘉靖

年薨。

年薨。

三十三年薨。二子俱未名卒，除。

崇信王諠涉，靖庶一子，萬曆二十三年以奉國中尉加封。

晉

恭王棡，太祖嫡三子，洪武三年封。十一年就藩太原府。三十一年薨。

定王濟熺，恭嫡一子，洪武三十一年襲封。永樂十二年爲弟濟熿誣搆，廢守恭王墳園。後事明，

憲王美圭，定嫡一子，永樂三年封世子，爲叔濟熿誣廢，隨父守墳。二十一年事明，封平陽王。宣

莊王鍾鉉，憲庶一子，初封楡社王，正統七年襲封。弘治十五年薨。曾孫知烊立。

奇源，莊嫡一子，天順三年封世子。弘治十四年薨。以孫知烊襲封，追封王，謚曰靖。

表榮，靖嫡一子，成化十四年封世孫。弘治六年薨。以子知烊襲封，追封王，謚曰懷。

端王知烊，懷庶二子，弘治十一年封世曾孫。十六年襲封。嘉靖十二年薨。無子。

簡王新㙉，端從弟新化王知𤏙庶一子，嘉靖十二年以新化王長子奉敕管理府事。十五年嗣

敬王愼鏡，簡親弟鎭國將軍新墧嫡一子，初封輔國將軍。萬曆四年奉敕管理府事。六年卒。七

仁宗賜王冠服，令依子美圭養。宣德十年薨。

德十年襲封晉王。正統六年薨。

封晉王。追謚其祖秉槏爲安王，父知㸅爲康王。萬曆三年薨。

年追封，加謚。無子。惠王慎鋷，新墒嫡三子，敬親弟，嘉靖三十年封輔國將軍。萬曆七年進封。本年

穆王敏淳，惠嫡一子，萬曆十三年襲封。三十八年薨。

王求桂，穆庶一子，萬曆三十九年請敕管理府事。四十一年襲封。崇禎末陷

	高平懷簡王濟燁，恭庶二子，永樂初封。五年薨。〔四〕無子，除。	平陽濟熿，恭庶三子，永樂初
薨。		
於賊。		

封。十二年，晉王濟熺廢，遂襲晉封。宣德二年通高煦事發，革爵，發高牆，除。	慶成 莊惠王濟炫，恭
	恭僖王美埥，莊
	溫穆王鍾鎰，恭
	端順王奇湞，溫
	恭裕王表欒，端
	安穆王知熑，恭
	新堤，安穆嫡一
	榮懿王慎鍾，悼
	王敏蒞，榮
	王求棆，敏

寧化 懿簡王	庶四子，永樂元年封，別城汾州。宣德四年薨。
僖順王	惠庶一子，宣德七年以鎮國將軍襲封。景泰七年薨。
鍾鈵，僖	僖庶一子，正統十二年襲封。弘治九年薨。
奇灁，鍾	穆嫡一子，弘治十二年襲封。嘉靖十二年薨。
康和王	順嫡一子，嘉靖十四年襲封。三十九年薨。
恭端王	裕嫡一子，嘉靖二十八年以鎮國將軍改封長子。四十一年襲封。隆慶三年薨。
莊定王	子，嘉靖四十二年封長子。四十三年卒，以子慎鍾襲封，追封王，謚悼懷。
溫裕王	懷庶一子，嘉靖四十二年以奉國將軍改封長孫。隆慶六年襲封。萬曆三十四年薨。
王	懿庶一子，萬曆三十七年以鎮國將軍襲封，薨。
	蕸嫡一子，萬曆三十八年封長子，既而襲封。

濟煥，恭庶四子，永樂二年封。〔三〕景泰元年薨。	永和
美壤，懿簡庶一子，景泰三年以鎮國將軍襲封。成化七年薨。長子鍾錡殀卒。	
順庶二子，成化八年襲封。弘治四年革爵，發高牆。正德三年卒，准歸葬。	
鈵嫡一子，弘治三年封長子。十八年卒。嘉靖十年以子表欏襲封。追封王，諡悼康。	
表欏，悼康庶一子，正德十三年以輔國將軍管理府事。嘉靖八年乞封，准襲王。隆慶四年薨。	
知爐，康和庶一子，嘉靖三十一年封長子。萬曆三年襲封。十三年薨。	
新壟，恭端庶一子，嘉靖三十一年封長孫。萬曆六年封長子。十九年襲封。二十一年薨。	
愼鏊，莊定嫡一子，萬曆二十七年襲封。三十八年薨。	
敏濟，溫裕嫡一子，萬曆四十四年襲封。	

昭定王濟烺，恭庶六子，永樂九年封，別城汾州。正統八年薨。	廣昌 悼平王濟熇，恭嫡七子，
美塢，昭定嫡一子，正統九年襲封。十四年以事取回京。	安僖王美堅，悼平庶一
順僖王鍾鈫，美塢庶一子，成化五年以奉國中尉乞封，准襲王。十年薨。	
榮懷王奇湇，順僖嫡一子，成化十三年襲封。弘治元年薨。	
竫惠王表榕，榮懷嫡一子，弘治四年襲封。正德十三年薨。	
安簡王知燠，竫惠嫡一子，嘉靖元年襲封。二十八年薨。	
莊定王新壇，安簡嫡一子，嘉靖三十二年襲封。隆慶六年薨。長子殀。	
恭懿王慎鐳，莊定庶二子，萬曆五年襲封。二十六年薨。	
王敏霍，恭懿庶一子，萬曆二十九年襲封。	

永樂初封。宣德二年薨。	
子，宣德七年襲封。景泰五年薨。無子，除。	交城 榮順王美垸，定王庶二子，正統三年封，別城平陽府。成化
	莊僖王鍾鐪，榮順庶一子，成化十五年襲封。弘治十年
	榮惠王奇淐，莊僖嫡一子，弘治十二年以鎮國將軍襲

十一年薨。

薨。

封。十四年薨。無子。

奇湳，莊僖庶三子，初封輔國將軍，加鎮國。卒，以子表杋嗣交城封。追封王，謚榮

榮端王表杋，榮僖嫡一子，正德五年以輔國將軍嗣封。六年薨。無子。

僖。

奇浄，莊僖庶六子，封鎭國將軍。卒，以子表栢嗣表栢交城封。追封王，謚恭簡。

端和王表栢，恭簡庶一子，嘉靖二十六年以輔國將軍進封。從弟承兄爵，自首冒封，不再襲。

	陽曲榮靖王美垙，定庶三子，正統二年封，別城平陽府。成化十六年薨。
	鍾鍑，榮靖庶一子，成化十九年以鎮國將軍襲封。二十年革爵。嘉靖元年卒。其
隆慶四年薨，除。	

西河 靖恭王美埻，定庶四子，正統二年封，別城平陽	
順簡王鍾鏷，靖恭嫡一子，天順元年襲封。成化	子孫以本等官職管理府事，不得襲王，除。
恭定王奇溯，順簡庶一子，弘治四年襲封。嘉靖	
康懿王表相，恭定嫡一子，嘉靖三十八年襲封。	
王知熜，康懿庶一子，隆慶六年封長子。萬	
王新甄，知熜嫡一子，萬曆二十五年封長	

府。景泰七年薨。	方山 莊憲王美垣，定庶五子，正統二年封。成化六年薨。
二十年薨。	昭僖王鍾鋌，莊憲庶一子，成化八年以鎮國將軍襲封。十六年革爵。正
三十六年薨。	
萬曆十五年薨。	
曆十八年襲封，薨。	
子。	

	臨泉 莊簡王美埱，定王庶六子，正統二年封。三年薨。
德六年薨。子孫俱以本等官職奉祀，除。	悼昭王鍾鏶，莊簡庶一子，景泰七年襲封。成化五年薨。
	榮穆王奇湒，悼昭嫡一子，成化八年襲封。正德九年薨。
	表柃，榮穆庶一子，成化二十三年封鎮國將軍。正德十
	莊靖王知烒，表柃庶一子，正德七年奉敕管理府事。十

	雲丘簡靖王美堣，定庶七子，正統二年封。成化十六年薨。
	端惠王鍾鋋，簡靖嫡一子，成化十七年襲封。弘治九年薨。
	恭僖王奇渲，端惠嫡四子，弘治六年以鎮國將軍改封長子。十
六年未襲卒。	王表樟，恭僖庶一子，嘉靖元年以鎮國將軍襲封。五年薨。
五年准襲，未拜命卒。無子，除。	

	寧河 康僖王美堛，定庶八子，正統二年封。成化二十一年薨。
	安憲王鍾鏤，康僖嫡一子，弘治元年襲封。十四年薨。
二年襲封。正德十三年薨。	溫簡王奇沄，安憲嫡一子，正德三年襲封。嘉靖三十八年薨。
無子，除。	榮莊王表楠，溫簡嫡一子，嘉靖四十年襲封。隆慶六年薨。
	恭懿王知扆，榮莊嫡一子，嘉靖四十一年封長子。萬曆三年襲
	定惠王新睚，恭懿庶一子，萬曆二十三年襲封。二十六年薨。無

	徐溝悼僖王鍾鐸，憲庶二子，正統六年封。景泰元年薨。無子，除。	河東昭靖王
		榮安王
		表枋，榮
封。二十年薨。		榮懿王
子，除。		端穆王
		安裕王
		王
		王

鍾鑢，憲庶三子，正統十三年封。成化二十年薨。	太谷 懷僖王
奇淮，昭靖嫡一子，成化二十三年襲封。正德九年薨。	
安庶一子，初封輔國將軍，加封鎮國將軍。正德五年卒。以子知烱襲封。追封王，謚恭憲。	
知烱，恭憲嫡一子，正德十三年以輔國將軍襲封。嘉靖四十三年薨。	
新墳，榮懿嫡一子，隆慶元年襲封。四年薨。	
愼鍵，端穆庶三子，隆慶五年以輔國將軍改封長子。萬曆三年襲封。三十年薨。	
敏潔，安裕嫡一子，萬曆十一年封長子。三十三年襲封。	
求忔，敏潔嫡一子，萬曆三十四年封長子。	

鍾鉉，憲庶四子，正統十四年封。天順二年薨。無子，除。	
	義寧榮康王奇湊，莊庶二子，天順二年封。弘
	僖裕王表槻，榮康嫡一子，弘治十年襲
	端靖王知爀，僖裕嫡一子，正德七年襲
	康定王新墉，端靖庶一子，嘉靖十一年
	安僖王慎鑅，康定庶一子，隆慶三年以
	王敏漽，安僖嫡一子，萬曆十六年
	求橘，敏漽嫡一子，萬曆三十四年封長

治九年薨。	河中 悼懷王奇溶，莊庶三子，成化元年封。二十年薨。
封。正德四年薨。	康簡王表楟，悼懷嫡一子，弘治二年襲封。嘉靖
封。嘉靖四年薨。	恭靖王知炬，康簡嫡一子，嘉靖十四年以鎭國
襲封。四十四年薨。	新塗，恭靖庶一子，嘉靖二十九年封鎭國將軍。
鎭國將軍改封長子。五年襲封。萬曆十三年薨。	王愼鑌，新塗庶一子，萬曆十六年以輔國
襲封。三十八年薨。	王敏淸，愼鑌庶一子，萬曆二十七年封長
子。三十八年卒。無子，除。	

	襄陰安惠王奇灃，莊庶四子，成化五年封。弘治九年
十二年薨。	宣懿王表楗，安惠嫡一子，弘治十三年襲封。正
將軍襲封。萬曆十九年薨。	
萬曆十年卒。	
將軍改封長孫。二十二年襲封。四十二年薨。	
子。	

薨。

德十三年薨。無子，除。

新化

恭裕王表⿰木兼，靖嫡二子，初封鎮國將軍。正德五年封。八年薨。

端和王知⿰火鄉，恭裕嫡一子，正德十年襲封。嘉靖四年薨。後子新⿰土典嗣晉

	封，郡爵例不襲。
安溪　表楠，靖庶三子，弘治七年封鎮國將軍。正德二年卒。三年追封王，諡懷僖。無子，	

除。

靖安

康僖王表栱，靖庶四子，正德六年以鎭國將軍加封。嘉靖三十三年薨。

恭懿王知㷆，康僖庶一子，嘉靖三十一年以鎭國將軍改封長子。三十六年襲封。萬曆

王新堸，恭懿嫡一子，嘉靖三十七年封長子。萬曆十年襲封，薨。

愼鍛，新堸庶一子，萬曆十二年封長子。三十九年卒。以子敏沒襲封。追封王，諡

王敏沒，愼鍛庶一子，萬曆三十年封長孫，既而襲封。

	旌德懷安王表楷，靖庶五子，正德五年封。嘉靖十年薨。	滎澤安懿王表櫰，靖
七年薨。	滎穆王知燉，懷安嫡一子，嘉靖十一年封。隆慶二年薨。無子，除。	端簡王知煋，安

庶六子，正德七年封。嘉靖十二年薨。

懿一子，嘉靖十五年襲封。二十八年薨。無子，除。

周定王橚，太祖嫡五子，洪武三年封吳。十

憲王有燉，定嫡一子，正統元年襲封。四

一年改封周。十四年就藩開封府。洪熙元年薨。

年薨。無子。簡王有爋，定王庶四子，初封祥符王。正統四年進封。景泰三年薨。郡封例不襲。

靖王子垕，簡庶一子，景泰六年襲封。七年薨。無子。懿王子埅，簡庶二子，初封通許

惠王同鑣，懿庶一子，初封睢陽

安濆，惠庶二子，成化二十三年

恭王睦㰘，悼庶一子，初封鎮國

勤熄，恭嫡一子，正德十一年封

莊王朝堈，康嫡一子，嘉靖十九

敬王在鋌，莊嫡一子，嘉靖三十

端王肅溱，敬嫡一子，隆慶六年，

王恭枵，端嫡一子，萬曆十七

	汝南有爋，定嫡二子，永樂初封。宣德三年以
王。天順元年進封。成化二十一年薨。郡爵不再襲。	
王。成化二十三年襲封。弘治十一年薨。	
封世子。弘治二年薨。以子睦檑襲封。追封王，謚曰悼。	
將軍。弘治十四年襲封。嘉靖十七年薨。	
世子。嘉靖九年薨。以子朝埛襲封。追封王，謚曰康。	
年襲封。三十年薨。	
一年襲封。萬曆十一年薨。	
封世子。萬曆十四年襲封，薨。	
年封世子，既而襲封。	

罪削爵，除。	順陽懷莊王有烜，定庶三子，永樂初封。十三年薨。無子，除。	新安有熺，定庶五子，

永樂初封。宣德三年以罪削爵，除。	永寧 靖僖王有光，定庶六子，永樂初封。成化二年薨。
	安惠王子場，靖僖庶一子，成化三年襲封。十二年薨。
	莊和王同鈃，安惠庶一子，成化十四年以鎮國將軍襲
	榮穆王安法，莊和嫡一子，弘治十三年襲封。嘉靖元年
	恭定王睦燃，榮穆庶一子，嘉靖二年以鎮國將軍襲封。
	端順王勤燭，恭定庶一子，嘉靖五年以鎮國將軍襲封。
	敏懿王朝堛，端順庶一子，嘉靖二十年襲封。四十五年
	溫簡王在鏜，敏懿嫡一子，隆慶五年襲封。萬曆二十六

	汝陽 恭僖王有爝，定庶七子，永樂初封。正統九年薨。
	安惠王子塈，恭僖庶一子，正統十一年以鎮國將軍襲封。成化六年薨。
封。弘治九年薨。	安和王同經，安惠嫡一子，成化八年襲封。正德十年薨。
薨。	康肅王安溵，安和庶一子，嘉靖三年以鎮國將軍襲封。四年薨。
三年薨。	宣思王睦樌，康肅庶一子，嘉靖七年以鎮國將軍襲封。十一年薨。
十六年薨。	榮定王勤烝，宣思嫡一子，嘉靖十七年襲封。四十五年薨。
薨。	莊簡王朝譴，榮定嫡一子，隆慶四年襲封。無子，除。
年薨。無子，除。	

鎮平

恭定王　有爌，定庶八子，永樂初封。成化七年薨。

榮莊王　子堠，恭定庶一子，成化九年以鎮國將軍襲封。十八年薨。

端裕王　同鏖，榮莊庶一子，成化二十一年以鎮國將軍襲封。弘治十八年薨。

昭順王　安泭，端裕庶一子，正德六年以鎮國將軍襲封。十五年薨。無子，除。

宜陽

康簡王

有佛，定庶九子，永樂初封。成化六年薨。無子，除。	遂平悼恭王有熲，定庶十子，宣德元年封。正統元年
	榮靖王子墉，悼恭庶一子，正統四年襲封。成化
	恭安王同鑣，榮靖嫡一子，成化七年襲封。弘治
	康穆王安洛，恭安庶一子，弘治四年以鎭國將
	睦欒，康穆庶一子，初封鎭國將軍。嘉靖十二年
	安僖王勤爧，端靖庶一子，嘉靖二十七年襲封。
	朝墦，安僖庶一子，嘉靖三十一年封鎭國將軍。
	在鉄，惠懿庶一子，隆慶元年封長孫。萬曆十八
	裕王肅湃，懷恪庶一子，萬曆二十二年襲封，
	王恭權，肅湃嫡一子，萬曆三十七年封長

	封丘
薨。	康懿王有熅，定庶十一子，宣德二年封。成化三
四年薨。	溫和王子埑，康懿庶一子，成化五年以鎮國將
元年薨。	僖順王同銘，溫和庶一子，正德七年以鎮國將
軍襲封。嘉靖二十四年薨。	端惠王安湜，僖順嫡一子，嘉靖六年襲封。三十
卒。以子勤爔襲封。追封王，謚端靖。	肅安王睦訹，端惠庶一子，嘉靖三十四年以鎮
萬曆十五年薨。	莊靖王勤灸，肅安庶一子，萬曆七年襲封。十六
三十六年卒。以孫肅滜襲封。追封王，謚惠懿。	
年卒。以子肅滜襲封。追封王，謚懷恪。	
薨。	
子。天啓元年襲封。	

年薨。	羅山悼恭王有爝，定庶十二子，宣德二年封。四年薨。無子，除。
軍襲封。弘治十五年薨。	
軍襲封。嘉靖三年薨。	
一年薨。	
國將軍襲封。隆慶三年薨。	
年薨。無子，除。	

內鄉	恭莊王有炯，定十三子，宣德二年封。天順八年薨。
	子⿰土戔，恭莊庶一子，景泰元年封鎭國將軍。天順元年卒。以子同鋘襲封。追封王，謚懷靖。
	溫穆王同鋘，懷庶一子，成化元年襲封。弘治十六年薨。
	溫定王安潼，溫穆嫡一子，弘治七年襲封。嘉靖二十二年薨。
	莊順王睦檝，溫定庶一子，嘉靖二十六年襲封。三十六年薨。
	端惠王勤烰，莊順嫡一子，嘉靖三十八年襲封。萬曆二十三年薨。
	王朝讙，端惠庶一子，萬曆十六年封長子。二十六年襲封，薨。
	王在⿱尼金，朝讙嫡一子，萬曆二十九年封長子，既而襲封。

胙城莊簡王有爝，定庶十四子，宣德二年封。景泰四年薨。	
榮順王子壉，莊簡庶一子，景泰七年以鎮國將軍襲封。成化十三年薨。	原武安懿王子墒，簡
昭僖王同鑿，榮順庶一子，成化十五年以鎮國將軍襲封。弘治元年薨。	康僖王同鐵，安
宣靖王安瀏，昭僖嫡一子，弘治四年襲封。嘉靖二年薨。	恭順王安淇，康
恭懿王睦桅，宣靖嫡一子，嘉靖五年以鎮國將軍襲封。十八年薨。	莊惠王睦櫬，恭
端惠王勤燇，恭懿庶一子，嘉靖二十年襲封。萬曆八年薨。	端和王勤熻，莊
王朝壂，端惠庶三子，萬曆三年封長子。後卒，無子，除。	溫穆王朝埨，端
	王在鋽，溫

鄖陵 安僖王 子堅，簡	庶三子，正統六年封。成化八年薨。
靖簡王 同鍨，安	懿庶一子，成化五年襲封。弘治七年薨。
端僖王 安沅，靖	僖庶一子，弘治十三年以鎮國將軍襲封。嘉靖三十七年薨。
恭昭王 睦枸，端	順嫡一子，嘉靖三十九年襲封。萬曆七年薨。
勤烑，恭 昭嫡一	惠嫡一子，嘉靖四十一年封長子。萬曆十年襲封。十六年薨。
康懿王 朝墭，勤	和庶一子，隆慶三年封長孫。萬曆十二年改封長子。十九年襲封。三十五年薨。
莊和王 在銓，康	穆庶一子，萬曆十六年封長孫。二十年改封長子。三十八年襲封。
王 肅㳌，莊	

庶四子，正統六年封。成化二十一年薨。	河陰
僖庶一子，弘治元年以鎮國將軍襲封。正德十年薨。	懷僖王子墁，簡庶五子，正統六
簡嫡一子，正德十六年襲封。嘉靖十八年薨。	康簡王同鑣，懷僖嫡一子，天順
僖嫡一子，嘉靖二十一年襲封。三十六年薨。	莊定王安泒，康簡庶一子，弘治
子，嘉靖七年封長孫。二十一年封長子。隆慶五年卒。	恭肅王睦橘，莊定嫡一子，嘉靖
炡庶一子，萬曆二年以輔國將軍改封長子。十九年襲封，薨。	溫恪王勤炘，恭肅嫡一子，萬曆
懿嫡一子，萬曆二十一年封長子。三十年襲封，薨。	王朝趡，溫恪庶一子，萬曆
和庶三子，天啓元年襲封。	

年封。十二年薨。	項城恭和王子堰，簡庶七子，正統元年封。成化十九年薨。無
元年襲封。弘治十四年薨。	
十六年襲封。嘉靖三十三年薨。	
三十六年襲封。隆慶三年薨。	
二年襲封。四十五年薨。	
二十二年封長子。天啓元年襲封。	

子，除。	宜陽悼和王子垗，簡庶八子，天順元年封。二年薨。無子，除。	潁川溫僖王子墟，簡庶九子，
		榮莊王同鐘，溫僖庶一
		安潪，榮莊庶一子，封鎮
		恭順王睦棌，安惠庶一
		勤棱，恭順嫡一子，嘉靖
		王朝壑，勤棱庶一
		王在鏁，朝壑嫡一

天順元年封。成化二十一年薨。	義陽康靖王子圪，簡庶十子，天順元年封。弘
子，弘治二年襲封。嘉靖六年薨。	榮安王同鏁，康靖庶一子，弘治十六年
國將軍。嘉靖二年卒。以子睦椺襲封。追封王，諡安惠。	恭端王安汥，榮安庶一子，嘉靖元年襲
子，嘉靖十五年襲封。萬曆十四年薨。	莊僖王睦鏁，恭端嫡一子，嘉靖二十五
三十五年封長子。萬曆十五年卒。	王勤黬，莊僖庶一子，萬曆三十七
子，萬曆二十年襲封，薨。	
子，萬曆三十九年封長子，既而襲封。	

治十二年薨。	汝陰懷懿王子埯，簡庶十二子，天順元年封。成化十一年薨。無子，除。
襲封。正德二年薨。	
封，薨。	
年襲封。萬曆二十四年薨。	
年襲封。	

臨汝	沈丘
端懿王子塼，簡庶十三子，天順三年封。弘治九年薨。	
恭康王同衡，端懿庶一子，弘治十四年襲封。嘉靖二十一年薨。	榮戾王同鐵，懿庶二子，
王安涛，恭康庶一子，嘉靖三十二年襲封，薨。	靖和王安涪，榮戾庶一
王睦陡，安涛庶三子，萬曆八年封長子。三十二年襲封。	榮定王睦栲，靖和庶一
	莊懿王勤㷒，榮定嫡一
	王朝耇，莊懿嫡一
	王在鍠，朝耇嫡一

成化元年封。正德元年薨。	上洛莊惠王同鍨，懿庶三子，成化三年封。弘治十二年薨。
子，正德三年襲封。嘉靖三年薨。	榮定王安瀼，莊惠嫡一子，正德三年襲封。嘉靖二十九
子，嘉靖七年襲封。二十八年薨。	康裕王睦櫨，榮定嫡一子，嘉靖三十二年襲封。四十年
子，嘉靖三十一年襲封。萬曆十七年薨。	恭靖王勤譙，康裕嫡二子，萬曆二年以鎭國將軍襲封，
子，萬曆七年封長子。十年襲封。	王朝瞌，恭靖嫡一子，萬曆六年封長子。三十二年
子，萬曆二十三年封長子，既而襲封。	

	魯陽 恭惠王同鉲，懿庶四子，成化三年封。嘉靖元年薨。
年薨。	靖肅王安汞，恭惠庶一子，嘉靖四年襲封。二十一年薨。
薨。長子勤𣜲，先卒。	睦杜，靖肅嫡一子，正德十六年封鎮國將軍。嘉靖十年卒。以子勤灰襲
薨。	莊憲王勤灰，安嫡一子，嘉靖二十一年襲封。萬曆二十四年薨。
襲封。	朝坩，莊憲嫡一子，嘉靖四十年封長子。萬曆二十年卒。以子在銕襲封。
	端懿王在銕，穆懷庶一子，萬曆十六年封長子。二十七年襲封，薨。
	王肅決，端懿庶一子，萬曆四十六年襲封。

	臨淄榮惠王同鈞，懿庶五子，成化七年封。弘治四年薨。
	端簡王安儳，榮惠庶一子，弘治十年襲封。正德十五年薨。
封。追封王，諡安定。	莊毅王睦檠，端簡庶一子，嘉靖十四年襲封。二十六年薨。
	端靖王勤緂，莊毅嫡一子，嘉靖三十二年襲封。三十四年薨。一子、二子、
追封王，諡穆懷。	

堵陽 安僖王 同鉞，懿庶六子，	
安灄，安僖庶一子，封鎮	
睦樒，榮憲庶一子，正德	
端簡王 勤熑，康裕庶一	三子俱殀卒，四子朝望係濫妾所生，萬曆十年降封奉國將軍，除。
恭懿王 朝墫，端簡嫡一	
王 在鑨，恭懿庶一	

成化十年封。嘉靖二十一年薨。	河清昭和王同鑣，諡庶七子，
國將軍。嘉靖十三年卒。以孫勤熜襲封。追封王，諡榮憲。	端穆王安沈，昭和庶一
十六年封輔國將軍。嘉靖十二年卒。以子勤熜襲封。追封王，諡康裕。	
子，嘉靖二十七年襲封。萬曆五年薨。	
子，萬曆三年封長子。十三年襲封。二十二年薨。	
子，萬曆四十年襲封。	

成化九年封。弘治七年薨。	
子，弘治七年襲封。十五年薨。無子。	莊憲王安泗，昭和庶二子，正德六年以鎮國將軍進封。嘉靖二
	榮僖王睦棱，莊憲嫡一子，嘉靖二十八年襲封。三十三年薨。
	王勤熛，榮僖嫡一子，嘉靖三十六年襲封。

	新會恭簡王同鏘，懿庶八子，成化二十三年封。嘉靖二年薨。
十五年薨。	康惠王安渤，恭簡嫡一子，嘉靖八年襲封。四十二年薨。
	睦榕，康惠庶一子，嘉靖三十九年以鎮國將軍改封長子。隆慶二年襲封。萬曆

	義寧
	昭安王安淡，惠庶四子，弘治二年封。十二年革爵。正德
十二年以罪削爲庶人，發高牆，除。	榮懿王睦欅，昭安嫡一子，嘉靖五年襲封。十五年薨。
	恭簡王勤熏，榮懿子，嘉靖十八年襲封。萬曆十六
	朝墠，恭簡嫡一子，嘉靖三十六年封長子。隆慶三年卒。
	王在鎔，朝墠庶一子，萬曆五年封長孫。二十二年

二年復爵。嘉靖十年薨。

年薨。

以子在鏓襲封。追封王，謚

襲封。

平樂

安泛，惠庶五子，弘治二年封。十三年以罪廢爲庶人，送鳳陽守

陵，除。	崇善 恭順王安滘，惠庶六子，弘治二年封。正德十一年薨。	海陽 康隱王
	端懿王睦棟，恭順庶一子，嘉靖元年襲封。本年薨。	端康王
	勤爈，端懿嫡一子，嘉靖六年封長子。十年卒。	莊恪王
	王朝墉，勤爈庶一子，嘉靖二十年襲封。二十八年薨。無子，除。	王
		王

安漋，惠庶七子，弘治二年封。正德七年薨。	安定懷簡王安湉，惠
睦杲，康隱庶三子，嘉靖二年襲封。二十六年薨。	
勤炵，端康庶一子，嘉靖三十五年襲封。萬曆二十三年薨。	
朝陛，莊恪嫡一子，隆慶六年封長子。萬曆二十四年襲封。三十九年薨。	
在鎮，朝陛庶一子，萬曆三十八年以鎮國將軍改封長子。四十四年襲封。	

庶十子，弘治二年封。四年薨。無子，除。	曲江 恭和王安灤，惠庶十一子，弘治二年封。正德十二年薨。
	榮定王睦榕，恭和庶一子，正德十六年襲封。嘉靖十七
	端靖王勤爐，榮定嫡一子，嘉靖二十一年襲封。萬曆六
	王朝蕿，端靖庶一子，萬曆三十八年襲封。

	博平恭裕王安淢，惠庶十三子，弘治二年封。嘉靖三年薨。
年薨。	溫簡王睦柯，恭裕庶一子，嘉靖五年襲封。萬曆三年薨。
年薨。	端順王勤炼，溫簡嫡一子，嘉靖十八年封長子。萬曆九年襲封。十一年薨。
	榮和王朝基，端順庶一子，隆慶元年封長孫。萬曆十五年襲封，薨。
	王在鉤，榮和嫡一子，萬曆十八年封長子。三十四年襲封，薨。
	王肅澳，在鉤嫡一子，萬曆三十六年封長子，既而襲封。

汾西	聊城
靖安王安灃，惠庶十六子，弘治	懷和王安澮，惠嫡十五子，弘治二年封。六年薨。無子，除。
端惠王睦桍，靖安庶一子，嘉靖	
康懿王勤燋，端惠嫡一子，嘉靖	
榮靖王朝埇，康懿嫡一子，嘉靖	

二年封。嘉靖二年薨。	魯陽 康和王安滰，惠庶十七子，弘治三年封。嘉靖三年薨。
七年襲封。二十八年薨。	榮安王睦欏，康和庶一子，嘉靖七年襲封。三十七年薨。
三十二年襲封。三十五年薨。	康憲王勤炳，榮安一子，嘉靖四十年襲封。四十三年
三十九年襲封。隆慶六年薨。無子，除。	

	信陵懿簡王安滓，惠庶十八子，弘治五年封。正德十年薨。	邵陵恭順王
	莊安王睦榥，懿簡嫡一子，正德十六年襲封。嘉靖二十四年薨。	王
薨。無子，除。	端和王勤熩，莊安庶一子，嘉靖二十九年襲封，本年薨。無子，除。	勤棨，睦
		王
		王

安瀾，惠庶十九子，弘治十年封。嘉靖十一年薨。	萊陽 榮康王 安潏，惠庶二十子，弘治十年封。
睦梓，恭順庶一子，嘉靖二十一年襲封。萬曆十六年薨。	端定王 睦桄，榮康嫡一子，嘉靖十九年
梓庶一子，嘉靖三十五年封鎮國將軍。萬曆十六年薨。	莊懿王 勤煥，端定嫡一子，嘉靖三十七
朝膣，勤榮庶一子，萬曆二十七年襲封。	王 朝騅，莊懿嫡一子，萬曆十四年
在鉞，朝膣嫡一子，襲封。崇禎十六年爲李自成所掠。	王 在錋，朝騅嫡一子，萬曆三十年

嘉靖十三年薨。	東會莊懿王安瀉，惠庶二十一子，弘治十年封。嘉靖五年薨。
襲封。二十九年薨。	莊惠王睦柊，莊懿庶一子，嘉靖八年襲封。萬曆五年薨。
年襲封。萬曆二十年薨。	勤煢，莊惠嫡一子，嘉靖二十一年封長子。三十八年卒。
封長子。二十三年襲封。天啓三年薨。〔六〕	王朝堡，勤煢庶一子，萬曆四年封長孫。十七年襲
封長子，既而襲封。	王在鎘，朝堡庶一子，萬曆二十一年封長子，既而
	王肅眾，在鎘庶一子，萬曆四十年封長孫，既而襲

	富陽
	昭穆王安濯，惠庶二十二子，弘治十六年封。嘉靖二年薨。
	端僖王睦桴，昭穆嫡一子，嘉靖八年襲封。十七年薨。
	勤煋，端僖嫡一子，嘉靖二十二年襲封。萬曆元年以罪廢爲庶人，發高
封。天啓六年薨。〔七〕	
襲封，薨。	
封。	

	會稽 康敬王安漢，惠庶二十三子，弘治十六年封，薨。	浦江 懷隱王安涇，惠
	宣懿王睦杉，康敬嫡一子，嘉靖二十五年襲封。三十四年薨。	安簡王睦枏，懷
牆，除。	恭裕王勤遂，宣懿嫡一子，嘉靖四十一年襲封。隆慶六年薨。	康惠王勤熾，安
	王朝雝，恭裕一子，萬曆中襲封，薨。無子，除。	王朝鄖，康
		王在敍，朝

庶二十四子，弘治十六年封。嘉靖六年薨。	麗水恭順王安汾，惠庶二十五子，弘治四年封。正德
隱嫡一子，嘉靖十二年襲封。二十五年薨。	
簡庶一子，嘉靖三十年襲封，薨。	
惠嫡一子，萬曆十年封長子。十九年襲封，薨。	
郢嫡一子，萬曆四十二年封長子，既而襲封。	

	十五年薨。無子，除。
應城	
恭穆王睦桎，悼庶四子，正德六年封。嘉靖三十九年薨。	
端康王勤燝，恭穆嫡一子，嘉靖四十一年襲封，薨。	
溫惠王朝均，端康嫡一子，隆慶五年以長孫改封長子。萬曆十七年襲	
王在錠，溫惠庶一子，萬曆四年封長孫。二十一年襲封，薨。	
王肅落，在錠庶一子，萬曆二十二年封長子，既而襲封。	

	益陽康定王睦楮，悼庶五子，正德六年封。嘉靖二十五年薨。
	勤熤，康定庶一子，嘉靖十一年封鎮國將軍。尋卒。以子朝墰襲封。追封王，諡恭
封。十八年薨。	端裕王朝墰，恭憲嫡一子，嘉靖二十八年襲封。四十一年薨。無子，除。

	奉新榮憲王睦橍，悼庶六子，正德六年封。嘉靖十五年薨。
憲。	恭僖王勤烒，榮憲庶一子，嘉靖十八年襲封。萬曆四年薨。
	莊靖王朝埏，恭僖庶一子，嘉靖四十一年封長子。萬曆二十二年襲封。二十九年薨。
	王在鍄，莊靖庶一子，萬曆三十二年襲封。四十四年薨。

南陵 莊裕王睦楧，悼庶九子，正德八年封。隆慶元年薨。無子，除。	
	京山 溫惠王勤炫，恭嫡三子，
	朝壁，溫惠庶一子，嘉靖
	昭憲王在株，安肅庶一
	王肅沛，昭憲嫡二
	王恭樸，肅沛庶一

正德十二年封。嘉靖四十五年薨。	華亭榮安王勤熑，恭庶四子，
十六年封鎮國將軍。三十九年卒。以子在株襲封。追封王，謚安肅。	王朝垣，榮安嫡一
子，隆慶六年襲封。萬曆三十五年薨。	王在鏥，朝垣庶一
子，萬曆十年封長子。三十八年襲封，薨。	肅溡，在鏥庶一子，萬曆
子，萬曆二十八年封長孫，既而襲封。	

正德十四年封。嘉靖三十一年薨。	寶坻端順王勤炬，恭庶五子，正德十四年封。
子，嘉靖三十四年襲封。萬曆二十四年薨。	朝坮，端順嫡一子，萬曆二十七年封長
子，萬曆十二年封長子。二十七年襲封。天啓六年薨。〔八〕	在鈐，朝坮庶一子，隆慶四年封長孫，卒。
三十年封長子。四十年卒。	

萬曆元年薨。	湯溪 榮憲王勤烶，恭嫡六子，嘉靖二十年封。三十年薨。
子，卒。	簡靖王朝㙺，榮憲嫡一子，嘉靖三十六年襲封。萬曆二十三年薨。
	恭安王在鍫，簡靖嫡一子，萬曆十年封長子。二十六年襲封。三十五年薨。
	王肅濟，恭安庶一子，萬曆三十八年襲封。四十二年薨。

瑞金	商城
榮簡王勤煥，恭嫡七子，嘉靖二年封。三十二年薨。	榮簡王勤烒，恭庶九子，
溫靖王朝壞，榮簡嫡一子，嘉靖三十五年襲封。隆慶三年薨。	康靖王朝堝，榮簡庶一
端惠王在鈉，溫靖嫡一子，萬曆元年襲封。二十九年薨。	王在鉽，康靖嫡一

嘉靖三年封。四十四年薨。	臨安王 勤烷，恭嫡十子，嘉靖六年封。七
子，隆慶三年襲封。萬曆九年薨。	
子，萬曆二年封長子。九年襲封。三十二年薨。無子，除。	

年薨。無子，除。	
	柘城端惠王勤烼，恭嫡十一子，嘉靖九年封。萬曆十三年薨。
	昭定王朝埢，端惠嫡一子，嘉靖三十年封長子。萬曆十六年襲封。二十年薨。
	在鍇，昭定庶一子，隆慶五年封長孫。未襲，卒。
	王肅濠，在鍇庶一子，萬曆二十二年封長孫。三十一年襲封。崇禎五年薨。

修武	安吉
康簡王勤烶，恭庶十二子，嘉靖九年封。三十七年薨。	莊憲王勤[illegible]，恭庶十三
莊恪王朝堋，康簡庶一子，嘉靖四十年襲封。萬曆二十六年薨。	榮順王朝堤，莊憲庶一
在銷，莊恪庶一子，萬曆二十一年封長子。二十九年卒。	康和王在鑾，〔九〕榮順庶
王肅濼，在銷庶一子，萬曆四十年襲封。	

子，嘉靖十三年封。萬曆十七年薨。	汝寧 端恪王勤然，恭嫡十四子，嘉靖十四年
子，萬曆二年以鎮國將軍改封長子。二十二年襲封，薨。	榮簡王朝埭，端恪庶一子，隆慶六年襲
一子，萬曆十七年封長孫。三十三年襲封。	王在唫，榮簡嫡一子，萬曆二十二

彰德康懿王勤焞，恭庶十五子，嘉靖二十一年封。萬曆二十	封。隆慶二年薨。
王朝墭，康懿嫡一子，隆慶九年封長子。萬曆二十	封。萬曆二十二年薨。
	年封長子。二十五年襲封。三十五年薨。

二年薨。

七年襲封。三十一年薨。

順慶

莊惠王朝埴，康庶二子，嘉靖二十年封。萬曆二十二年薨。

榮簡王在鋽，莊惠庶一子，萬曆二十二年封長子。二十五年襲封，薨。

王肅瀓，榮簡嫡一子，萬曆中封長子。天啓元年襲封。

保寧恭簡王朝埥，康庶三子，嘉靖二十年封。三十九年薨。	
端和王在鍛，恭簡庶一子，嘉靖四十一年襲封。萬曆二十年薨。	儀封恭端王在鑾，莊庶一子，
王肅潩，端和嫡一子，萬曆二十四年襲封，薨。	莊簡王肅溢，恭端嫡一
王恭　，肅潩庶一子，襲封，薨。	王恭櫪，莊簡嫡一
王紹炬，恭　嫡一子，襲封。崇禎十六年爲李自成所掠。	

嘉靖三十年封。萬曆四年薨。	安昌恭惠王在鉷，莊嫡三子，嘉靖三十六年封。萬曆
子，萬曆二年封長子。九年襲封。二十四年薨。	王肅渣，恭惠子，萬曆二十二年封長
子，萬曆三十二年襲封。	

	遂寧
二十五年薨。	康僖王在鈺，莊庶四子，嘉靖三十七年封。萬曆二十一年薨。長子肅濂，
子。二十八年襲封。	王肅濬，康僖嫡二子，萬曆二十八年以兄肅濂未受册，與未封郡

二十四年頒冊，未受命卒。

爵者同，乃以鎮國將軍襲封。

洧川王 恭㰘，端王庶四子，萬曆二十七年封。三十五年薨。無子，除。

寧陽王	恭櫜，端庶九子，萬曆四十七年封。

校勘記

〔一〕高瞻祁見祐　祐，原作「佑」，據明史稿表一諸王世表改。「祐」是成祖這一房第六世的排行字。成祖第六世孝宗名「祐樘」，正作「祐」。

〔二〕崇禎末陷於賊　陷於賊，本書卷一一六秦愍王樉傳作「降於賊」，「授權將軍」。

〔三〕恭憲王志墣至永樂二十年襲封　志墣，太宗實錄卷一二二永樂二十年二月丁未條作「志堞」。永樂二十年，原作「永樂十九年」，據太宗實錄、弇山堂別集卷三四改。

〔四〕永樂初封五年薨　原脫「五年」兩字，據太宗實錄卷五四永樂五年十一月己未條補。

〔五〕恭庶四子永樂二年封　庶四子，原作「庶五子」，永樂二年，原作「永樂八年」，據太宗實錄卷三〇永樂二年八月戊寅條改。

〔六〕天啓三年薨　原脫「天啓三年」四字，據熹宗實錄卷二六天啓三年二月戊寅條補。

〔七〕天啓六年薨　原脫「天啓六年」四字，據熹宗實錄卷七二天啓六年十月庚戌條補。

〔八〕天啓六年薨　原脫「天啓六年薨」五字，據熹宗實錄卷七二天啓六年十月庚戌條補。

〔九〕康和王在鏊　原脫「康和」兩字，據熹宗實錄卷六七天啓六年六月壬戌條補。

明史卷一百一

表第二

諸王世表二

楚
昭王楨，太祖庶六子，洪武三年封。十四年就藩
莊王孟烷，昭王嫡三子，永樂二十二年襲封。正統
憲王季埱，莊王庶一子，初封武陵王。正統中襲封。
靖王均鈋，東安恭定王庶一子，以憲、康俱無後，
端王榮滅，靖嫡一子，正德七年襲封。嘉靖十三
愍王顯榕，端庶一子，初封長樂王。嘉靖十五年
恭王英㷿，愍庶三子，嘉靖三十年襲封。隆慶五
王華奎，恭子，萬曆六年封世子。八年襲

武昌府。

永樂二十二年薨。

四年薨。

八年薨。

無子。

康王季埱，莊庶二子，初封黔陽王。正統九年進封。天順六年薨。無子。

於成化

元年嗣封。正德五年薨。

年薨。

襄封。二

十四年為世子英燿所弑。英燿取赴京師，正刑。

年薨。

封。三十一年，宗人華越等訐其非恭王子，章下國中詢問。闔宗譁然。政府右之，事竟寢。崇禎十六年，獻

	巴陵悼簡王孟熜，昭庶一子，洪武三十年封，本年薨。無子，除。	永安懿簡王
		莊惠王
		均鏢，莊
		靖懿王
		昭定王
		恭順王
賊陷武昌，沈王於江。		榮惠王
		王
		盛𤎩，蘊
		王

孟炯，昭庶二子，建文元年封。宣德七年薨。

季塾，懿簡庶一子，正統二年襲封。成化四年薨。

惠嫡一子，正統十年封長子。成化三年卒。以子榮澹襲封。追封王，謚悼懷。

榮澹，悼懷庶一子，成化八年襲封。正德十五年薨。

顯梧，靖懿嫡一子，嘉靖六年襲封，本年薨。

英焌，昭定嫡一子，嘉靖二十八年襲封，薨。

華垛，恭順嫡一子，嘉靖三十年封長子。萬曆三年襲封，薨。

蘊鐘，榮惠嫡一子，萬曆三年封長子，既而襲封，薨。

鐘嫡子，萬曆二十一年封長子，卒。

容圻，盛蕩嫡一子，萬曆三十八年封長孫，既而襲封。

壽昌

安僖王

孟焯，昭

靖和王

季埒，安

莊穆王

均鐵，靖

嫡四子，建文元年封。正統五年薨。	崇陽靖簡王〔一〕孟熚，昭庶五子，永樂二年封。正
僖庶一子，正統十四年襲封。弘治十五年薨。	莊僖王季墚，靖簡嫡一子，景泰二年襲
和嫡一子，弘治十八年襲封。正德五年薨。無子，除。	端懿王均鐓，莊僖庶一子，景泰六年襲
	榮濯，端懿嫡一子，弘治六年以鎮國將
	顯休，端隱嫡一子，嘉靖元年襲封。二十

統十四年薨。	通山 靖恭王孟爚，昭庶六子，永樂二
封。五年薨。	莊簡王季垟，靖恭庶一子，正統
封。正德九年薨。	均鑛，莊簡嫡一子，正統十年封
軍改封長子。正德元年卒。以子顯休襲封。追封王，謚端隱。	溫定王榮瀼，溫惠庶一子，成化
八年以罪勒令自盡，除。	端穆王顯橘，溫定嫡一子，正德
	莊懿王英炊，端穆庶一子，嘉靖
	華埌，莊懿嫡一子，嘉靖二十三
	王蘊鉉，榮悼庶一子，隆慶
	王盛渼，蘊鉉嫡一子，萬曆
	王容枘，盛渼嫡一子，萬曆

景陵順靖王孟炤，昭庶八子，永樂二	年封。正統九年薨。
	十二年襲封。成化六年薨。
	長子，本年卒。以子榮瀠襲封。追封王，謚溫惠。
	九年襲封。正德十一年薨。
	十六年襲封。嘉靖十八年薨。
	九年以鎭國將軍改封長子。二十二年襲封。萬曆九年薨。
	年封長子。三十八年卒。以子蘊鉉襲封。追封王，謚榮悼。
	四年封長孫。萬曆七年襲封，薨。
	十六年封長子。三十一年襲封，薨。
	三十九年封長子，既而襲封。

岳陽悼惠王孟爟，昭庶九子，永樂二年封。宣德元年薨。	年封。正統十二年薨。無子，除。
恭僖王季境，悼惠嫡一子，宣德五年襲封。天順七年薨。無子，除。	

江夏	東安
康靖王孟炬，昭庶十子，宣德三年封。成化十年薨。	
悼順王季壉，康靖庶一子，成化四年襲封，本年薨。	恭定王季塛，莊
安惠王均鋷，悼順嫡一子，成化二十一年襲封。弘治十三年薨。	昭簡王均鈽，恭
端僖王榮漠，安惠庶一子，弘治十六年襲封，本年薨。	恭懿王榮淑，昭
莊定王顯梏，端僖庶一子，嘉靖二十七年襲封。萬曆中薨。	康惠王顯梡，恭
恭懿王英熼，莊定嫡一子，萬曆十一年襲封。十七年薨。	王英燧，康
王華壇，恭懿嫡一子，萬曆十五年封長子。二十一年襲封。	
王蘊鋏，華壇嫡一子，萬曆三十一年封長子。三十九年襲封。	

大治 悼僖王	庶三子，正統二年封。天順七年薨。一子鈞鉳嗣楚封，庶二子均鈽襲郡爵。
	定庶二子，成化元年襲封。正德三年薨。長子榮演殀。
	簡庶二子，嘉靖二年襲封。四十一年薨。一子、二子俱殀。
	懿庶三子，嘉靖三十七年以鎭國將軍改封長子。隆慶元年襲封。萬曆十五年薨。
	惠庶一子，萬曆二十二年封長子。二十四年襲封。

季堧，莊庶四子，正統九年封。景泰元年薨。無子，除。

縉雲懷僖王榮淋，靖庶二子，弘治十五年封。

正德三年薨。無子，除。

保康

榮康王顯樟，端庶二子，嘉靖六年封。十年薨。無子，除。

武岡王

英櫄，顯

王

顯槐，端庶三子，嘉靖十七年封。萬曆十八年薨。	
槐庶一子，萬曆十四年封長子，卒。	
華增，英櫃庶一子，萬曆二十八年襲封。	宣化王 華壁，恭庶二子，萬曆九年封。

齊

榑，太祖庶七子，洪武三年封。十五年就

漢陽王

蘊鑨，庶一子，萬曆二十四年封。

藩青州府。建文元年召至京，廢爲庶人。永樂元年復封。四年奪爵，安置廬州。宣德三年暴卒，子孫俱爲

庶人，移南京，封除。	潭梓，太祖庶八子，洪武三年封。十八年就藩長沙府。二十三年以妃坐事，

召王入見，王懼自焚。無子，封除。	趙杞，太祖庶九子，洪武三年封。四年薨。無子，封除。	魯荒王檀，
		靖王肇
		惠王泰
		莊王陽
		當漎，莊
		健杙，懷
		端王觀
		恭王頤
		敬王壽

太祖庶十子，洪武三年封。十八年就藩兗州府。二十二年薨。

燀，荒庶一子，永樂元年襲封。成化二年薨。

堪，靖嫡一子，成化三年襲封。九年薨。

鑄，惠嫡一子，成化十二年襲封。嘉靖二年薨。

嫡一子，成化十九年封世子。弘治十八年薨。以孫觀𤊨襲封。追封王，謚曰懷。

嫡一子，弘治十六年封世孫。正德十五年薨。以子觀𤊨襲封。追封王，謚曰悼。

𤊨，悼嫡一子，嘉靖七年襲封。二十八年薨。

坦，端一子，嘉靖三十年襲封。萬曆二十二年薨。

鏳，恭庶六子，初封富平王。萬曆二十四年襲封。二十八年薨。無子。憲王壽鋐，恭庶七子，初封常德王。萬曆二十九年進封。崇禎九年薨。無子。

肅王壽鏞，恭庶九子，初封泰興王。崇禎九年進封。十二

以派，肅嫡一子，崇禎十三年襲封。十五年，大清兵破兗

年薨。

州，自縊。

以海，肅五子，崇禎十七年襲封，尋寄居台州，既監國於紹興。大清順治三年六月，王師渡浙，

	鉅野僖順王泰墱，靖嫡二子，宣德二年封。天
	恭定王陽鑿，僖順嫡一子，成化五年襲
	莊憲王當涵，恭定嫡一子，正德元年襲
	端肅王健榹，莊憲庶一子，嘉靖十年襲
	惠榮王觀燖，端肅庶一子，嘉靖三十六
以海航海，依鄭成功。十一年，成功使人沈之海中。	

順八年薨。	鄒平莊靖王泰塍，靖嫡三子，宣德四年封。天順八年薨。
封。弘治十八年薨。	恭懿王陽鏞，莊靖庶一子，成化三年襲封。正德四年薨。
封。嘉靖八年薨。	莊定王當淏，恭懿庶一子，正德九年襲封。嘉靖十八年薨。
封。三十四年薨。	健櫺，莊定庶一子，正德七年封鎮國將軍。嘉靖十二年卒。以子
年襲封。隆慶六年薨。無子，除。	恭靖王觀爁，榮安庶一子，嘉靖二十一年襲封。四十一年薨。
	康順王頤在，恭靖嫡一子，隆慶二年襲封。萬曆三十年薨。
	王壽碒，康順庶一子，萬曆二十七年封長子。三十三年襲

安丘	
靖恭王泰垍，靖庶四子，宣德十年封。成化八年薨。	
陽鑒，靖恭嫡一子，天順五年封長子。成化三年卒。以子當澻襲	
榮順王當澻，莊簡嫡一子，成化十二年襲封。弘治十八年薨。	
端惠王健樸，榮順嫡一子，正德元年襲封。嘉靖二年薨。	觀熻襲封。追王，謚安。
榮恪王觀熑，端惠庶一子，嘉靖二年襲封。十四年薨。	
溫僖王頤堀，榮恪嫡一子，嘉靖十八年襲封。萬曆二十七年薨。	
壽鏴，溫僖一子，萬曆中未襲卒。	封。
王 以 一子，萬曆中襲封，薨。	
弘櫝，以 嫡一子，萬曆四十四年封長子。	

	樂陵 恭惠王泰壆，靖庶五子，宣德二年封。天順五年薨。
封。追封王，謚莊簡。	宣懿王陽館，恭惠嫡一子，成化八年襲封。正德九年薨。
	當漆，宣懿嫡一子，成化九年封鎮國將軍。正德十五年卒。以子健概襲
	莊康王健概，端簡嫡一子，嘉靖十六年襲封。三十二年薨。
	恭僖王觀燔，莊康嫡一子，嘉靖三十六年襲封。隆慶六年薨。
	裕穆王頤㙐，恭僖嫡一子，隆慶四年封長子。萬曆十八年襲封。十九年
	王壽鎬，裕穆庶一子，萬曆二年封長孫。二十七年襲封，薨。
	王以泛，壽鎬嫡一子，萬曆中封長子。天啓元年襲封。

	東阿端懿王泰壄〔二〕，靖庶六子，宣德四年封。弘治八年薨。
	陽鐔，端懿嫡一子，成化元年封長子。十九年卒。無子。正德十五年追封
封。追封王，謚端簡。	
薨。	

王，謚悼和。 榮靖王陽鏢，端懿嫡二子，弘治十二年襲封。正德六年薨。	
康惠王當澆，榮靖庶一子，正德九年襲封。嘉靖四十三年薨。無子，除。	東甌 端肅王
	恭恪王

當沘，莊嫡二子，成化二十二年封。嘉靖二十二年薨。	鄖城康僖王當滋，莊嫡三子，弘治十
健楸，端肅嫡一子，嘉靖二十六年襲封。四十四年薨。無子，除。	

三年封。嘉靖二十年薨。無子，除。	館陶宣思王當涊，莊嫡四子，弘治十六年封。嘉靖二十二年薨。無子，

翼城 恭安王當瀶，莊嫡五子，正德四年封。嘉靖二十二年薨。	除。
康僖王健橅，恭安嫡一子，嘉靖二十六年襲封。萬曆二十三年薨。	
王觀熚，康僖庶一子，嘉靖三十七年封長子。萬曆中襲封。	
頤堪，觀熚庶一子，萬曆十八年封長孫，卒。 頤墶，觀熚庶二子，萬曆三十二年改封	

滋陽	
榮莊王當瀆，莊庶六子，成化十四年封。嘉靖十八年薨。	
健槗，榮莊庶一子，弘治九年封鎭國將軍。正德十二年卒。以子觀熚襲	
恭裕王觀熚，懷懿嫡一子，嘉靖三十二年襲封。四十三年薨。	
頤埦，恭裕嫡一子，嘉靖二十三年封長子。三十四年卒。以子壽鏌襲封。	長孫。三十九年卒。
昭順王壽鏌，頤埦庶一子，隆慶四年襲封。萬曆間薨。嫡一子以湦封長	
王以渼，昭順嫡二子，萬曆三十五年以鎭國將軍改封長子。四十	

	陽信 安僖王當㴋，莊庶七子，成化十四年封。嘉靖四年薨。
封。追封王，謚懷懿。	安懿王健杜，安僖嫡一子，嘉靖七年襲封。二十三年薨。
	榮康王觀燃，安懿庶一子，嘉靖二十七年襲封，本年薨。
追封王，謚	恭簡王頤埔，榮康嫡一子，嘉靖三十一年襲封。三十七年薨。
子，卒。	王壽鈔，恭簡嫡一子，隆慶三年襲封。萬曆二十九年薨。
二年襲封。	王以澍，壽鈔嫡一子，萬曆十九年封長子。三十四年襲封，薨。
	王弘福，以澍嫡一子，萬曆四十三年封長子。

高密	歸善
康穆王當湄，莊庶八子，成化十九年封。正德四年薨。	當沍，莊庶九子，
安簡王健杙，康穆嫡一子，正德七年襲封。嘉靖十五年薨。	康肅王健𣐈，當
昭和王觀熂，安簡嫡一子，嘉靖十八年襲封。十九年薨。	
王頤封，昭和嫡一子，嘉靖二十六年襲封。三十二年薨。無子，除。	

弘治元年封。正德九年廢，發高牆，本年卒。	新蔡 端穆王當浮，莊庶十子，弘治九年封。嘉
沍，嫡一子，嘉靖二十年襲封。二十二年薨。無子，除。	昭和王健榔，端穆嫡一子，嘉靖二十九
	恭惠王觀熢，昭和嫡一子，萬曆二年襲
	王頤掛，恭惠嫡一子，萬曆三年封

靖二十六年薨。		
年襲封。隆慶四年薨。		
封。三十七年薨。		
長子。四十年襲封，薨。	東原溫懿王頤埨，端庶二子，嘉靖三十六年封。萬曆二十七年薨。	
	王壽鋐，溫懿庶一子，萬曆三十三年以鎮國將軍襲封，薨。	福安
	王以源，壽鋐嫡一子，萬曆四十年封長子。	

憲惠王壽鈐，恭庶五子，萬曆八年封。十一年薨。無子，除。	寧德王壽鋮，恭庶八子，萬曆十

一年封。	長泰昭和王壽鏞，恭庶十一子，萬曆十四年封。二十年薨。無子，除。	永福王壽鉅，恭

	蜀 獻王椿，太祖庶十一子，洪武十一年封。二十三
	悅熑，獻嫡一子，洪武　年封世子。永樂七年
	靖王友堉，悼莊嫡一子，永樂二十二年襲封。宣
庶十二子，萬曆十八年封。四十一年薨。無子，除。	

年就藩成都府。永樂二十一年薨。

薨，謚悼莊。

和王悅

德六年薨。無子。僖王友壎，悼莊嫡三子，初封羅江王。宣德七年進封，九年薨。無子，叔悅㷆立。〔三〕

定王友

懷王申

悅燇，獻庶五子，初封保寧王。以僖王無嗣，宣德十年進封。天順五年薨。

友垓，和嫡一子，天順七年襲封，本年薨。

申鈘，定嫡一子，天順八年襲封。成化七年薨。子殀。

惠王申鑿，定庶三子，初封通江王。成化八年進封。弘治

昭王賓瀚，惠嫡一子，弘治七年襲封。正德三年薨。

成王讓栩，昭嫡一子，正德五年襲封。嘉靖二十六年薨。

康王承爚，成庶三子，嘉靖二十八年襲封。三十七年薨。

端王宣圻，康庶一子，嘉靖四十年襲封，萬曆四十年薨。

恭王奉銓，端嫡一子，萬曆六年封世子。四十三年襲封，

王至澍，恭嫡一子，萬曆三十二年封世孫。四十四年

	華陽 悼隱王悅燿，獻庶二子，永樂二年封。洪熙元年別城武岡州，尋遷澧州。
	康簡王友堚，悼隱庶一子，正統二年襲封。成化九年薨。
六年薨。	悼康王申鏇，康簡嫡一子，成化十二年襲封。二十年薨。
	恭順王賓浘，悼康庶一子，弘治五年襲封。嘉靖七年薨。
	讓核，恭順嫡一子，正德五年封長子，卒。以子承爚襲封。追封王，謚康僖。
	莊靖王承爚，康僖嫡一子，嘉靖十四年襲封。二十五年薨。
	溫懿王宣墡，莊靖嫡一子，萬曆十三年襲封。二十五年薨。
薨。	安惠王奉銳，溫懿庶一子，萬曆十五年封長子。二十八年襲封。四十年
改封世子，既而襲封。	王至濾，安惠嫡一子，萬曆二十二年封長孫。三十年改封長子。四

宣德八年薨。	崇寧王悅熥，獻庶三子，永樂二年封。十六年薨。無子，除。	崇慶王悅炘，獻
薨。		
十三年襲封。		

庶四子，永樂二年封。九年薨。無子，除。	永川 莊簡王悅烯，獻庶六子，永樂二十二年封。天順四年薨。
	友墱，莊簡嫡一子，未襲，卒。

黔江悼懷王友堉，悼莊世子嫡二子，永樂二十二年封。宣德元年薨。未婚，封除。	內江莊懿王
	申鉘，莊
	康靖王
	讓枌，康
	王
	恭穆王
	王
	王

友墦，和庶二子，正統十一年封。正德七年薨。	德陽	僖安王	友城，和
懿嫡一子，成化三年封長子。弘治十年卒。		恭裕王	申鉒，僖
賓沚，申鉘庶一子，正德十年襲封。嘉靖二十三年薨。		榮康王	賓灉，恭
靖嫡一子，正德十四年封長子。嘉靖十八年卒。			
承㷭，讓栩庶一子，嘉靖二十一年襲封。四十五年薨。			
宣墸，承㷭嫡一子，隆慶四年襲封。萬曆三十六年薨。一子奉鍘封長子，卒。			
奉鍫，恭穆嫡二子，萬曆三十七年以鎮國將軍改封長子。四十年襲封，薨。			
至沂，奉鍫嫡一子，萬曆四十一年封長子，既而襲封。			

	石泉
庶三子，正統十一年封。成化十一年薨。	榮穆王友壙，和庶四子，天順四年封。正德六年
安庶一子，成化十三年襲封。正德十六年薨。	恭簡王申鑄，榮穆嫡一子，正德十二年襲封。嘉
裕嫡一子，嘉靖三年襲封。二十七年薨。子殀，除。	康惠王賓清，恭簡庶一子，嘉靖二十四年襲封。
	王讓機，康惠嫡一子，隆慶四年襲封。萬曆
	王承熉，讓機庶一子，隆慶二年封長孫。萬
	王宣垙，承熉庶一子，萬曆二十七年封長

薨。	汶川 懿簡王友墱，和庶五子，天順四年封，成化九年薨。
靖十九年薨。	榮康王申銷，懿簡庶一子，成化十四年襲封。嘉靖二十一年薨。
四十四年薨。	恭僖王賓沙，榮康嫡一子，嘉靖二十五年襲封。四十年薨。
十一年薨。	讓杝，恭僖庶一子，嘉靖三十年封長子。三十九年卒。
曆十四年襲封。三十六年薨。	安惠王承焵，讓杝庶一子，嘉靖四十五年襲封。萬曆二十六年
子。三十九年襲封。	王宣雝，安惠嫡一子，萬曆六年封長子。二十八年襲封。
	奉鏳，宣雝嫡一子，萬曆二十五年封長孫。二十年改封長子。三

	慶符恭僖王友墂，和庶六子，
	端順王申鐓，恭僖庶一
	恭和王賓沾，端順庶一
	康定王讓檥，恭和庶一
薨。	王承㸅，康定嫡一
	王宣墍，承㸅嫡一
十五年卒。奉鄉，宣鼇嫡二子，萬曆三十六年改封長子，既而襲封。	

天順八年封。弘治十八年薨。	
子，正德四年襲封。嘉靖十一年薨。	南川 安靖王申鋸，定庶四子，成化七年封。嘉靖十一年薨。一
子，嘉靖十六年襲封。四十五年薨。	賓瀔，安靖　二子，正德中封鎮國將軍。嘉靖中卒。
子，隆慶二年襲封。萬曆三十二年薨。	王讓樨，賓瀔庶一子，嘉靖十五年襲封。萬曆五年
子，萬曆十五年封長子。二十二年襲封。	承煤，讓樨庶一子，隆慶四年以鎮國將軍改封長子。萬
子，萬曆四十年封長子。	王宣齷，承煤庶一子，萬曆十年襲封。三十年薨。
	王奉鍒，宣齷嫡一子，萬曆三十二年襲封。四十年
	王至湘，奉鍒嫡一子，萬曆四十五年襲封。

子賓淴先卒，長孫讓櫓亦卒。	
薨。	
曆五年先卒。	
	江安莊裕王宣址，康庶二子，嘉靖四十一年封。萬曆二十一年薨。
薨。	王奉鈐，莊裕嫡一子，萬曆十年封長子。二十年襲封。四
	王至沍，奉鈐嫡三子，天啓元年襲封。

十三年薨。長子至淯未婚，卒。

新寧王

奉鈛，端嫡二子，萬曆二十二年封。未婚，薨，除。

東鄉

王 奉鐩，端庶五子，萬曆二十八年封，薨。	隆昌 王 奉鏘，端庶七子，萬曆三十一年
王 至瀘，奉鐩嫡一子，天啓元年封長子，既而襲封。	

封，薨。

	富順王至深，恭嫡三子，萬曆四十四年封。	太平王至淥，恭庶四子，萬曆四十四年

湘獻王柏，太祖庶十二子，洪武十一年封。十八年就藩荊州府。建文元年以告反遣訊，王

封。

懼自焚。諡曰戾。無子，封除。永樂初改諡。	代 簡王桂，太祖庶十三子，初封豫。洪武二十五年改封代。
	遜煓，簡嫡一子，永樂二年封世子。十六年薨。諡悼戾。後
	隱王仕壥，戾庶一子，正統十三年襲封。天順七年薨。
	惠王成鍊，隱嫡一子，成化二年襲封。弘治二年薨。
	聰沬，惠庶一子，成化十五年封武邑王，尋廢為庶人，後
	懿王俊杖，思庶一子，弘治十二年襲封。嘉靖六年薨。
	昭王充燿，懿庶一子，正德五年封泰順王。嘉靖九年襲
	恭王廷埼，昭庶一子，嘉靖十五年封泰興王。二十八年
	定王鼐鉉，恭庶一子，嘉靖三十六年封太平王。萬曆九

是年就藩大同府。正統十一年薨。
子仕壥襲封，追封王，諡曰戾。
復冠帶。弘治十一年薨。以子俊杖襲代封，追封王，諡曰思。
封。二十六年薨。
襲封。萬曆元年薨。
年襲封。二十二年薨。無子。　王鼐鈞，恭庶三子，嘉靖三十八年封新寧王。萬曆二十四年進封。
康王鼎渭，鼐鈞嫡一子，年襲封。崇禎二年薨。
王彝，康嫡一子，崇禎間襲封，薨。
王傳𤏸，彝嫡一子，崇禎間襲封。十七年三月，闖賊陷大同，遇害。

廣靈

榮虛王遜焜，簡庶二子，永樂二年封。天順二年薨。

莊裕王仕墭，榮虛嫡一子，天順七年襲封。弘治九年薨。

順簡王成鐩，莊裕嫡一子，弘治十二年襲封。嘉靖二年薨。

宣和王聰漢，順簡嫡一子，嘉靖四年襲封。九年薨。

康定王俊槻，宣和嫡一子，嘉靖十一年襲封。二十五年薨。

榮昭王充㸅，康定嫡一子，嘉靖二十八年襲封。四十五年薨。

王廷墹，榮昭嫡一子，隆慶三年襲封。

鼐鈖，廷墹嫡一子，隆慶三年封長子。萬曆二十九年卒。無子。鼐鑽，廷墹嫡二子，初封鎮國將

鼎濡，鼐鑽嫡一子，萬曆二十一

潞城 僖順王遜炍，簡嫡三子，永樂二十九年封。成化七年薨。	
安簡王仕埬，僖順嫡一子，成化九年襲封。弘治三年薨。	
榮安王成鐳，安簡嫡一子，弘治五年襲封。十二年薨。	
宣惠王聰蒗，榮安嫡一子，弘治十四年襲封。嘉靖元年	
端憲王俊梭，宣惠嫡一子，嘉靖三年襲封。三十四年薨。	
康定王充熄，端憲嫡一子，嘉靖三十六年襲封。萬曆十	
恭恪王廷塙，康定庶一子，萬曆十五年襲封，薨。	
王鼐鐔，恭恪嫡一子，隆慶六年封長孫。萬曆十八	軍，應改封長子，萬曆二十七年先卒。
	年封輔國將軍。三十一年改封長孫。

	山陰 康惠王遜煁，簡庶四子，永樂二十二年封，別城蒲州。成化三年
	薨。端裕王仕壥，康惠庶一子，成化六年襲封。弘治十六年薨。
	榮靖王成鏊，端裕嫡一子，正德元年襲封。嘉靖十四年薨。
薨。	僖順王聰瀚，榮靖嫡一子，嘉靖十六年襲封。三十四年薨。
	王俊柵，僖順嫡一子，嘉靖三十七年襲封。萬曆三十一年
一年薨。	王充熙，俊柵庶一子，萬曆十年封長子，既而襲封，薨。
	王廷理，充熙庶一子，萬曆三十一年封長孫。
年改封長子。三十六年襲封。	

薨。

襄垣恭簡王遜燂，簡庶五子，永樂二十二年封，別城蒲州，天順六年薨。

仕墤，恭簡嫡一子，襲封後犯十惡，取赴京囚死。子孫俱爲庶人，不得承襲。

安惠王成鍈，安

薨。

仕坯，恭簡庶二子，成化十七年襲封。十八年薨。

惠嫡一子，成化二十一年襲封。隆慶二年薨。子聰瀺封長子，卒。瀺子俊渠封長孫，卒。渠子充熿封曾長

靈丘	
榮順王	
僖靖王	
莊和王	孫，隆慶三年請襲封。廷議仕坯弟冒兄爵，不准承襲，依世次，降封輔國中尉，奉祀。
端懿王	
俊格，端	
充熼，康	
廷址，悼	
鼐鐮，懷	

遜烇，簡庶六子，永樂二十二年封。天順五年別城絳州。成化十一年薨。
仕壎，榮順嫡一子，成化十三年襲封。弘治六年薨。
成鍛，僖靖庶一子，弘治七年襲封。十年薨。
聰潙，莊和嫡一子，弘治十二年襲封。嘉靖三十四年薨。
懿嫡一子，弘治十七年封長子。嘉靖二十四年卒。四十二年以曾孫鼐鐮襲封，追封王，謚康悼。
悼嫡一子，嘉靖元年封長孫。三十年卒。四十二年追封王，謚悼懿。
懿嫡一子，嘉靖二十四年封曾長孫。三十一年卒。四十二年追封王，謚懷僖。
僖嫡一子，嘉靖三十四年封玄長孫。四十二年襲封。隆慶三年坐非刑致死曾叔祖，降爲庶人，除。

宣寧 靖莊王遜炓，簡庶七子，正統二年封。天順五年別城澤州。成化六年薨。	懷仁 榮定王遜熇，簡
和僖王仕瀛，靖莊嫡一子，成化八年襲封。弘治四年薨。	仕壈，榮定嫡二
恭安王成鉆，和僖嫡一子，弘治七年襲封。正德五年薨。	恭和王成鈀，安
康靖王聰瀻，恭安嫡一子，正德十六年襲封。嘉靖七年薨。	溫惠王聰淑，恭
昭榮王俊相，康靖嫡一子，嘉靖十五年襲封。隆慶五年薨。	
溫簡王充燦，昭榮嫡一子，萬曆八年襲封。十八年薨。無子，除。	

庶八子，景泰七年封。弘治三年薨。

子，封鎮國將軍。弘治元年卒。以子成鈀襲郡封。追封王，謚安僖。

僖嫡一子，弘治五年襲封。十五年薨。

和嫡一子，弘治十七年襲封。正德十二年薨。無子。

聰渕，恭和嫡二子，正德十二年以鎮國將軍管

莊簡王俊榭，僖康嫡一子，嘉靖二十二年以輔

隰川懿安王遜爍，簡	
恭僖王仕壥，懿	
成，恭僖	
康肅王聰漾，莊	理府事。嘉靖八年卒。子俊榭襲郡封。追封王，謚僖康。
莊惠王俊柏，康	國將軍襲封。隆慶五年薨。長子充[火於]因父冒封，照世次，以奉國將軍奉祀。

庶十子，正統七年封。天順五年別城澤州。成化十年薨。	
安庶一子，成化十三年襲封。二十一年薨。	昌化 溫憲王仕壇，戾庶二子，正統十三年封。
子，諡莊隱，年月無考。	榮僖王成鍰，溫憲嫡一子，成化二十三
隱嫡一子，弘治七年襲封。正德十三年薨。	端襄王聰瀗，榮僖嫡一子，正德九年襲
肅嫡一子，嘉靖元年襲封。三十四年薨。子殀，除。	

成化二十年薨。	
年襲封。正德八年薨。	定安 悼隱王成鏻，隱王嫡二子，景泰元年封，別城忻州。成化五年薨。
封。嘉靖二十年薨。無子，除。	聰潏，悼隱一子，成化年封長子，居喪失禮，後停封。卒。子孫

	博野悼恭王成鐭，隱嫡三子，景泰五年封。成化五年薨。
遞以將軍、中尉奉祀，不襲郡爵。	端穆王聰漆，悼恭嫡一子，成化九年襲封。弘治五年薨。
	莊憲王俊櫝，端穆嫡一子，弘治十三年襲封。嘉靖二十八年薨。

	和川 悼僖王成鏝，隱庶四子，天順三年封。成化十四年薨。	寧津 懷康王
	宣懿王聰潪，悼僖嫡一子，成化十六年襲封。弘治十八年薨。	懷莊王
無子，除。	恭惠王俊龒，宣懿嫡一子，正德四年襲封。嘉靖二十一年薨。	
	康王充烰，恭惠嫡一子，嘉靖二十四年襲封。二十五年薨。	
	昭順王廷城，康庶一子，嘉靖二十九年襲封。萬曆八年薨。	
	端簡王鼐鉉，昭順庶一子，萬曆十五年襲封。三十四年薨。	
	王鼎東，端簡嫡一子，萬曆十九年封長子。三十八年襲封，薨。	
	王彝橝，鼎東庶一子，萬曆三十三年封長孫，既而襲封。	

成鉁，隱庶五子，成化九年封。十二年薨。

聰滴，懷康一子，弘治三年襲封。四年薨。無子。溫穆王聰泠，懷康庶子，弘治九年以鎭國將軍進封。

王俊榛，溫穆庶一子，正德十六年襲封。萬曆三年

	棗强靖安王成鈼，隱庶六子，成化九年封。弘治九年薨。
十八年薨。	康惠王聽滋，靖安嫡一子，弘治十七年襲封。嘉靖二十六年薨。
薨。	俊棶，康惠嫡一子，正德十六年封長子。嘉靖十九年卒。後以子充熾襲封，追封
	恭懿王充熾，榮和庶一子，嘉靖二十八年襲封。萬曆十三年薨。
	王廷坑，恭懿嫡一子，萬曆十一年襲封。三十五年薨。
	王鼐鋽，廷坑嫡一子，萬曆三十一年封長子。天啓三年襲封。崇禎七年薨。

	饒陽 悼昭王成銺，隱庶七子，成化九年封。十九年薨。
	榮莊王聰瀓，悼昭嫡一子，成化二十三年襲封。嘉靖十五年薨。
王，謚榮和。	俊榛，榮莊嫡一子，正德八年封長子。嘉靖二年卒。以子充熕襲封，追封王，謚康
	充熕，康僖庶一子，嘉靖十八年襲封。三十二年革爵。

樂昌康懿王聰涓，惠庶二子，成化十九年別城朔州。嘉靖二十六年薨。	
俊榀，康懿嫡一子，弘治十四年封長子。嘉靖二十二年卒。以子充爐襲封，追封王，諡榮	僖。
溫靖王充爐，榮簡庶一子，嘉靖三十年襲封。萬曆七年薨。	
王廷壖，溫靖嫡一子，萬曆十年襲封。四十三年薨。	
王鼐鉡，廷壖庶一子，萬曆四十六年襲封。	

	吉陽 恭順王聰注，惠庶三子，成化十九年封。嘉靖三十三年薨。	溧陽 榮定王聰瀲，惠
簡。	端惠王俊檯，恭順庶一子，嘉靖三十六年襲封。萬曆十一年薨。	恭懿王俊椐，榮
	順僖王充熠，端惠庶一子，萬曆十四年襲封。四十一年薨。	充炅，恭懿　一
	王廷埢，順僖庶一子，萬曆四十三年襲封。	

庶四子，弘治三年封。嘉靖三十六年薨。	
定庶一子，嘉靖四十年襲封。萬曆九年薨。	進賢莊惠王俊櫝，思庶二子，正德五年封。嘉靖二十
子，萬曆初封長子。八年先卒。	恭懿王充炨，莊惠嫡一子，嘉靖三十二年襲封。
	王廷埍，恭懿庶一子，嘉靖四十三年襲封。

九年薨。

三十六年薨。	河內 莊安王充爔，懿庶四子，正德五年封。嘉靖二十八年薨。
四十四年薨。無子，除。	恭憲王廷堄，莊安庶一子，嘉靖三十二年襲封。三十六年薨。無子，除。

富川	寶豐
悼定王充熠，懿庶五子，嘉靖元年封。七年薨。	悼順王充𤆬，懿
康簡王廷埣，悼定庶一子，嘉靖二十年襲封。萬曆元年薨。	
鼐鏈，康簡嫡一子，嘉靖三十七年封長子。萬曆二年請封，未命，卒。	
王鼎漸，鼐鏈庶一子，萬曆二十六年襲封。	

庶十一子，嘉靖九年封。十一年薨。無子，除。	碭山悼懷王充灲，懿庶十二子，嘉靖九年封。十年薨。

肅莊王楧，太祖庶		
康王瞻焰，莊庶		
簡王祿埤，康庶		
恭王貢鍹，簡庶		
眞淤，恭嫡一子，		
定王弼桄，靖嫡		
縉炯，定嫡一子，		無子，除。
懷王紳堵，昭庶		
	永慶懿簡王鼒鈺，恭庶三子，嘉靖四十年封。萬曆九年薨。	
	王鼎浼，懿簡嫡一子，萬曆十二年襲封。四十一年薨。	
	王彝榠，鼎浼庶二子，天啓元年襲封。	

十四子，初封漢，二十五年改封肅，就藩甘州，後移蘭州。永樂十七年薨。

一子，永樂二十二年襲封。天順八年薨。

一子，初封洵陽王。成化四年襲封。十五年薨。

一子，初封汾州王。成化二十三年襲封。嘉靖十五年薨。

成化十年封世子。嘉靖五年薨。以子弼桃襲封。追封王，諡曰靖。

二子，嘉靖十八年襲封。四十一年薨。

封世子。嘉靖三十六年薨。以子紳堵襲封。追封王，諡曰昭。懿王縉熿，鎮國將軍弼柹庶一子，隆慶

一子，嘉靖四十二年襲封。四十三年薨。無子。從叔縉熿立。憲王紳堯，懿庶一子，萬曆十九年襲封。

王識鋐，憲嫡一子，萬曆四十二年封

淳化
端惠王
眞泓，恭

康穆王
弼果，端

縉勳，康
穆嫡一

五年以
輔國將
軍嗣封。
追封弼
柿安王。
弼柿，靖
庶四子
也。萬曆
十六年，
懿王薨。

王
紳在，縉

四十六
年薨。

世子。天
啓元年
襲封。崇
禎十六
年死流
賊之難。

	庶二子，弘治十三年封。嘉靖三十一年薨。
	惠庶一子，嘉靖三十五年襲封。萬曆十一年薨。
	子，隆慶元年封長子。萬曆十八年卒。一子紳坑先卒。
	勳庶二子，萬曆二十三年襲封。

鉛山		
	榮和王	眞瀞，恭庶三子，正德十三年封。
	康裕王	弼餘，榮和嫡一子，嘉靖四十年
	恭莊王	縉矞，康裕庶一子，萬曆十一年
	王	紳鄘，恭莊庶一子，萬曆三十七

嘉靖三十四年薨。	金壇恭裕王眞洵，恭庶四子，嘉靖四年封。隆
襲封。萬曆六年薨。	弼槿，恭裕嫡一子，嘉靖三十二年封長
襲封。二十六年薨。	
年以繼母楊妃守節植孤，雖濫妾所生，特准襲封。	

慶五年薨。	會寧 莊惠王眞淵，恭庶五子，嘉靖十年封。隆慶二年薨。
子。四十五年，罪降庶人，發高牆，除。	弼榏，莊惠嫡一子，嘉靖三十三年封長子。隆慶五年卒。
	恭懿王縉⿰粦刂，端憲庶一子，萬曆四年襲封。二十四年薨。
	王紳域，恭懿嫡一子，萬曆二十四年封長子。二十

延長

莊懿王眞澆，恭庶六子，嘉靖十年封。萬曆十八年薨。

弼棟，莊懿嫡一子，嘉靖四十三年封長子。萬曆十六年卒。以子

以子縉剡襲封，追封王，謚端憲。

王縉⿰火叟，弼棟庶一子，萬曆二年封長孫。二十一年襲封，薨。

王紳封，縉⿰火受庶一子，萬曆二十三年封長子，既而襲封。

七年襲封。

縉熡襲封。追封王，謚	開化王 弼枳，靖庶六子，嘉靖中封，薨。
	王 縉燧，弼枳庶一子，萬曆九年以鎮國將軍改封長子。三十八年卒。
	王 紳，縉燧嫡一子，萬曆十一年封長孫。四十二年襲封。
	王 識鑒，紳庶一子，萬曆二十年封曾長孫，改封長子，既而襲封。

會昌

王　弼棟，靖庶七子，嘉靖四十二年以鎮國將軍進封，薨。

王　縉掞，弼棟庶一子，萬曆十九年以輔國將軍改封長子，既而襲封，薨。

延安

恭靖王

王　紳增，縉掞庶一子，萬曆二十年封長子，既而襲封。

縉炘，定嫡二子，嘉靖二十九年封。三十七年薨。無子，除。

遼簡王植，太祖庶十五子，洪武十一年封

貴焓，簡庶二子，初封長陽王，洪熙元年

衛，二十五年改封遼，〔四〕就藩廣寧州。永樂二年遷荊州府。二十二年薨。
進封。正統四年，罪降庶人。十四年卒。
肅王貴煖，〔五〕簡庶四子，初封興山王，正統四年進封。成化七年
靖王豪墭，肅嫡一子，成化九年襲封。十四年薨。
惠王恩鐕，靖嫡二子，成化十六年襲封。弘治八年薨。
恭王寵涭，惠嫡一子，弘治十年襲封。正德十六年薨。
莊王致格，恭嫡二子，嘉靖三年襲封。十六年薨。
憲爋，莊庶一子，初封句容王，嘉靖十九年襲封。隆慶二年，罪降

薨。	長陽貴烚。見前。
	昭和王豪堺，貴烚嫡一子，成化十年，比弋陽、永和事例，以輔國將軍襲
	安靖王恩鈉，昭和嫡一子，正德九年襲封。嘉靖二十年薨。
	恭裕王寵游，安靖嫡一子，嘉靖二十三年襲封。隆慶二年薨。
	致楹，恭裕庶一子，嘉靖三十六年封長子。四十三年卒。以子憲煥襲封，
庶人，發高牆，封除。	王憲煥，悼莊庶一子，萬曆二年襲封，薨。
	王術雅，憲煥嫡一子，萬曆三十四年封長子。

	遠安貴燮，簡庶三子，建文元年封。洪熙元年，罪降庶人。成化二年卒。不准襲。孫恩鉍
封。正德五年薨。	
追封王，謚悼莊。	

乞照長陽王例襲封。憲宗以貴燮犯不孝罪，非長陽王比，不允。除。	巴東 貴煊，簡庶五子，建文二

年封。洪熙元年，罪降庶人。景泰三年卒。子孫不准襲，除。	潛江王 貴炖，簡庶六子，永樂二年封，尋

薨。無子，除。	宜都王貴燸，〔六〕簡庶七子，永樂二年封，尋薨。無子，除。	松滋安惠王貴烆，簡
		靖簡王豪堙，安
		榮和王恩鈳，靖
		昭憲王寵洌，榮
		恭肅王致槺，昭
		莊懿王憲[illegible]，恭
		王術涇，莊

	益陽
庶八子，永樂二年封。正統七年薨。	安僖王貴烀，簡庶九子，永樂二十二年封。正統
惠嫡一子，正統十一年襲封。弘治十一年薨。	懿簡王豪璣，安僖嫡一子，景泰三年襲封。成化
簡嫡一子，弘治十三年襲封。嘉靖元年薨。	恭和王恩銅，懿簡嫡一子，成化九年襲封。正德
和庶一子，嘉靖四年襲封。二十五年薨。	康恪王寵淄，恭和嫡一子，嘉靖三年襲封。八年
憲嫡一子，嘉靖二十九年襲封。萬曆六年薨。	榮惠王致櫓，康恪嫡一子，嘉靖十二年襲封。三
肅嫡一子，萬曆十年襲封。二十四年薨。	莊懿王憲爐，榮惠庶一子，嘉靖三十九年襲封。
懿嫡一子，萬曆二十七年襲封。	

十三年薨。	湘陰 安僖王貴焴，簡庶十一子，永樂二十二年封。成化四年薨。	衡陽 莊和王
五年薨。	康懿王豪壥，安僖嫡一子，成化六年襲封。弘治十三年薨。	靖僖王
十六年薨。	恭簡王恩鍖，康懿嫡一子，弘治十六年襲封。正德四年薨。	恩鏄，靖
薨。	端靖王寵湳，恭簡嫡一子，正德七年襲封。嘉靖二十四年薨。	安僖王
十六年薨。	恭定王致梠，端靖嫡一子，嘉靖二十八年襲封。隆慶三年薨。	
萬曆十年薨。	莊順王憲烟，恭定庶一子，隆慶六年襲封。萬曆二十八年薨。	
	術樓，莊順庶一子，萬曆七年封鎮國將軍，未襲，卒。	
	王儼釪，術樓庶一子，萬曆三十四年襲封。	

貴熒，簡庶十二子，永樂二十二年封。天順元年薨。	應山 悼恭王 貴燁，簡
豪壈，莊和嫡一子，天順四年襲封。弘治元年薨。	端順王 豪壋，悼
僖嫡一子，成化十年封長子。弘治四年卒。以子寵淹襲封。追封王，諡悼僖。	和僖王 恩鑞，端
寵淹，悼僖庶一子，弘治六年襲封。嘉靖十八年薨。無子，除。	

	宜城
庶十三子，宣德七年封。正統十一年薨。	康簡王貴熵，簡庶十五子，宣德七年封。成化十
恭嫡一子，正統十四年襲封。弘治二年薨。	榮僖王豪玪，康簡庶一子，成化十五年襲封。弘
順嫡一子，弘治四年襲封。八年薨。無子，除。	懷靖王恩銑，榮僖嫡一子，弘治十三年襲封。正
	懿定王寵濱，懷靖嫡一子，嘉靖元年襲封。十五
	榮昭王致棖，懿定嫡一子，嘉靖十九年襲封。二

一年薨。	枝江 莊惠王貴熠，簡庶十六子，宣德七年封。景泰四年薨。
治十一年薨。	靖僖王豪壂，莊惠嫡一子，景泰六年襲封。天順六年薨。
德十三年薨。	溫穆王恩錢，靖僖嫡一子，成化元年襲封。弘治七年薨。
年薨。	悼懷王寵潤，溫穆庶一子，弘治十年襲封。正統十六年薨。
十九年薨。無子，除。	端懿王致梱，悼懷庶一子，嘉靖十三年襲封。四十四年薨。無子，除。

沅陵	恭憲王貴燏，簡庶十七子，宣德八年封。成化八年薨。	
	昭安王豪墭，恭憲嫡一子，成化十三年襲封。弘治四年薨。	
	宣穆王恩鈽，昭安嫡一子，弘治六年襲封。十年薨。無子。	莊恪王恩鈼，昭安嫡二子，弘治十三年
		榮簡王寵淶，莊恪嫡一子，正德八年襲
		恭僖王致枇，榮簡庶一子，嘉靖三十三

	廡陽悼僖王貴煥，簡庶十八子，宣德八年封。正統七年薨。無子，除。
以鎮國將軍進封。十六年薨。	
封。嘉靖三十年薨。	
年以鎮國將軍襲封。無子，除。	

衡山	蘄水
恭惠王　貴煘，簡庶十九子，正統二年封。成化十二年薨。無子，除。	靖和王　貴熡，簡庶二十
	安穆王　豪楏，靖和嫡一
	康順王　恩鉅，安穆庶一
	僖簡王　寵澍，康順嫡一
	端懿王　致櫨，僖簡嫡一
	榮順王　憲𤈦，端懿庶一
	王　術𨍭，榮順嫡一

子，正統二年封。成化四年薨。				
子，成化七年襲封。弘治十二年薨。				
子，弘治十四年襲封。嘉靖九年薨。	肅寧	悼靖王	恩鉹，靖嫡三子，成化十三年封。十九年薨。	
子，嘉靖十二年襲封。十五年薨。		榮順王	寵汕，悼靖嫡一子，成化二十三年襲封。嘉靖十	
子，嘉靖十九年襲封。萬曆七年薨。		恭懿王	致栟，榮順庶一子，嘉靖二十三年襲封。萬曆四	
子，萬曆十年襲封。三十一年薨。		王	憲爍，恭懿嫡一子，萬曆七年襲封，薨。	
子，萬曆十四年封長子。三十三年襲封。		王	術埈，憲爍庶二子，天啓元年封長子。崇禎中襲	

四年薨。

年薨。

封。十六年爲李自成所掠。

長垣恭順王恩鉀，靖嫡四子，成化十三年封。正德八年薨。

王寵泑，恭順嫡一子，正德十二年襲封。嘉靖三十七年薨。

無子，除。	光澤 榮端王寵瀼，惠嫡二子，成化二十三年封。嘉靖二十五年薨。
	恭僖王致櫇，榮端嫡一子，嘉靖二十九年襲封。三十一年薨。
	莊懿王憲⿰火堇，恭僖庶一子，隆慶五年襲封。萬曆三十一年薨。
	王術堣，莊懿嫡一子，萬曆十九年封長子。三十四年襲封。三十八年管理遼府事。

廣元

康僖王致樵，恭嫡三子，正德八年封。嘉靖三十年薨。

端恪王憲爀，康僖嫡一子，嘉靖三十三年襲封。隆慶二年，因憲㸅革爲庶人，暫理遼府事。萬曆

王術堌，端恪庶一子，萬曆六年封長子。十三年襲封。三十七年薨。無子，除。

十年薨。

校勘記

〔一〕崇陽 原作「滎陽」，據太宗實錄卷二八永樂二年四月甲戌條、弇山堂別集卷三改。崇陽在湖北，與楚府封地合。

〔二〕端懿王泰壄 原脫「壄」字，據弇山堂別集卷三四補。明史稿表二諸王世表作「泰懋」，「懋」字誤，因泰壄是屬土字輩。

〔三〕叔悅㚇立 悅㚇，原作「悅𡚸」，據本書卷一一七蜀王椿傳、弇山堂別集卷三二改。下文「𡚸」字也改作「㚇」。

〔四〕二十五年改封遼 二十五年，原作「二十六年」，據本書卷三太祖紀、又卷一一七遼王植傳，明史稿表二諸王世表，太祖實錄卷二一七洪武二十五年三月庚戌條改。

〔五〕肅王貴熡 貴熡，原作「貴㸊」，據本書卷一一七遼王植傳、明史稿表二、太宗實錄卷二八永樂二年四月甲戌條改。

〔六〕宜都王貴燸 宜都，原作「宣都」，據太宗實錄卷二八永樂二年四月甲戌條、弇山堂別集卷三五改。宜都在荊州府，與遼府改封荊州府合。

明史卷一百二

表第三

諸王世表三

慶	靖王㮵，太祖庶十六子，二十四年封。二十六年
	康王秩煃，靖庶一子，正統四年襲封。成化五年
	懷王邃塈，康庶一子，初封平原王，成化七年襲

就藩韋州。建文三年遷寧夏。正統三年薨。

薨。

封十五年薨。無子。

莊王邃塀，康庶二子，初封岐陽王，成化十七年進封。弘治四年薨。

恭王寘鍪，莊庶一子，初封落交王，弘治七年襲封。十一年薨。

台浤，恭庶一子，弘治十六年襲封。後革爲庶人。嘉靖三十年卒。以二子鼒枋襲

鼒櫝，定庶一子，封世子。薨，謚端和。

惠王鼒枋，定庶二子，嘉靖二十年以桐

端王倪燌，惠嫡一子，嘉靖三十七年封

憲王伸域，端庶一子，初封綏德王，萬曆

王帥鋅，憲嫡二子，萬曆二十三年襲

王倬漼，帥鋅嫡一子，萬曆四十五年

	靖寧王秩囊，靖庶二子，封後薨。無子，除。	眞寧
封。追復王，諡曰定。		
鄉王改封世子。三十一年襲封。萬曆二年薨。		
世子。萬曆五年襲封。十六年薨。		
十九年襲封，本年薨。		
封，薨。		
封世子，既而襲封。		

莊惠王秩燊，靖庶三子，景泰六年封。成化三年薨。	安化 惠懿王秩炵，靖庶四子，
康簡王邃埗，莊惠庶一子，天順元年襲封。成化十二年薨。	邃墁，惠懿庶一子，初封
溫穆王寘鐃，康簡嫡一子，弘治三年襲封。十五年薨。	寘鐇，恭和庶一子，弘治
榮僖王台滓，溫穆嫡一子，正德元年襲封。十年薨。	
安惠王鼒樿，榮僖嫡一子，正德十六年襲封。嘉靖三十一年薨。	
恭簡王倪㶷，安惠嫡一子，嘉靖三十三年襲封。萬曆五年薨。無子，除。	

永樂十九年封。弘治十五年薨。	岐山悼莊王秩煉，靖庶五子，封後薨。無子，除。
鎮國將軍。天順八年卒。以子賓鐇襲封，追封王，謚恭和。	
五年襲封。正德五年叛逆伏誅，除。	

安塞

宣靖王 秩炅，靖庶六子，正統九年封。成化九年薨。無子，除。

弘農

安僖王 遂塽，康庶三子，

榮惠王 寘鐲，安僖庶一

恭定王 台泙，榮惠嫡一

康僖王 鼐樗，恭定庶一

恭順王 倪燋，康僖嫡一

王 伸纏，恭順嫡一

王 帥鍠，伸纏嫡一

天順三年封。弘治三年薨。	豐林 溫僖王遂垙，康庶六子，成化八年封。正
子，弘治五年襲封。正德三年薨。	安簡王賔鏌，溫僖嫡一子，正德十年襲
子，正德十年襲封。嘉靖二十八年薨。	端康王台瀚，安簡庶一子，嘉靖九年襲
子，嘉靖三十三年襲封。隆慶六年薨。	恭懿王鼐楲，端康嫡一子，嘉靖三十一
子，嘉靖三十八年封長子。萬曆三年襲封。十七年薨。	倪燦，恭懿嫡一子，嘉靖三十八年封長
子，萬曆十年封長子。二十一年襲封，薨。	
子，萬曆三十二年封長子，既而襲封。	

德六年薨。		
封。嘉靖五年薨。	鞏昌 寘鏘，莊庶二子，弘治三年封。嘉靖十二年革爵，發高牆，除。	
封。二十六年薨。		壽陽 和靖王
年襲封。萬曆六年薨。		端懿王
子。萬曆五年卒。無子，除。		僖憲王
		伸捏，僖
		王帥

台瀗，恭庶二子，正德三年封。十三年薨。	
鼐梠，和靖嫡一子，嘉靖十四年襲封。二十年薨。	延川 端穆王 鼐櫝，定庶二子，
倪爋，端懿嫡一子，嘉靖三十二年襲封。萬曆四年薨。	倪焜，端穆庶一子，萬曆
憲庶一子，萬曆十七年封長子。二十八年卒。	
鍫，伸掟嫡一子，萬曆三十七年封長孫。四十六年襲封。天啓六年薨。〔一〕	

嘉靖十八年封。四十二年薨。	
二年封長子。十七年卒。	華陰端懿王倪焯，惠嫡二子，嘉靖四年封。萬曆十一年薨。
	王仲堣，端懿嫡一子，萬曆二十二年襲封，薨。
	王帥銳，仲堣嫡一子，萬曆四十三年封長子，既而襲封。

鎮原王伸壇，端庶二子，萬曆元年封。天啓五年薨。

王帥鋒，伸壇嫡一子，萬曆二十四年封長子。天啓五年襲封。

蒙陰王帥鉀，憲嫡三子，

萬曆二十五年封，薨。

龍祥王

倬淥，帥鋅嫡二子，天啟二年封。

潭水王

倬灑，帥鋅嫡三

	寧　獻王權，太祖庶十七子，洪武二十四年封。二十六年就藩大寧。永樂元年移南
	磐烒，〔三〕獻嫡一子，永樂二年封世子。正統二年薨。以子奠培襲封，追封王，謚曰
	靖王奠培，惠嫡一子，正統十四年襲封。弘治四年薨。
	康王覲鈞，靖嫡一子，初封上高王，弘治五年襲封。十年薨。
	宸濠，康嫡一子，初封上高王，弘治十二年襲封。正德十四年反，逆伏誅，除。
子，天啟二年封。	

昌府。正統十三年薨。

惠。

臨川

磐熚，獻庶二子，宣德元年封。天順五年，罪降庶人，鳳陽居住。成化二十

奠埨，康僖嫡一子，正德七年封長子。天順五年，罪降庶人，守西山祖墳。

一年卒。嘉靖三十五年追復王，謚康僖。	宜春 安簡王磐烑，獻庶三子，宣德三
成化八年卒。嘉靖二十五年追封王，謚恭順。子孫不襲，除。	宣和王奠坫，安簡嫡一子，弘治
	覲鐏，宣和嫡一子，弘治八年封
	康僖王宸滄，懷簡嫡一子，弘治
	拱櫞，康僖嫡一子，正德二年襲

	年封。弘治五年薨。
	八年襲封。九年薨。
	長子。九年卒。以子宸澮襲封。追封王，謚懷簡。
	十一年襲封。十三年薨。
	封。十五年坐宸濠反，解京自盡，子送鳳陽，除。

新昌	安僖王磐炷，獻庶四子，宣德五年封。天順三年

薨。無子，除。

信豐悼惠王磐熑，獻庶五子，宣德七年封。正德四年薨。無子，除。		
	瑞昌	恭僖王
		榮安王
		宸瀾，榮
		拱栟，悼

	樂安
奠壥，惠庶二子，景泰二年以鎮國將軍加封。成化十二年薨。	昭定王 奠壘，惠庶三子，
覲錫，恭僖嫡一子，成化十四年襲封。弘治元年薨。	覲鐽，昭定庶一子，成化
安庶一子，初封鎮國將軍。弘治三年卒。本年追封王，謚悼順。	靖莊王 宸湔，溫隱嫡一
順嫡一子，弘治十二年襲封。正德十五年坐宸濠反死，子送鳳陽，除。	端簡王 拱欏，靖莊嫡一
	王 多㷄，端簡嫡一
	王 謀顐，多㷄庶一

景泰二年以鎮國將軍加封。弘治元年薨。	石城 恭靖王奠堵，惠庶四子，景泰二
四年封鎮國將軍。十七年卒。以子宸湔襲郡封，追封王，謚溫隱。	覲鎬，恭靖庶一子，初封鎮國將
子，弘治四年襲封。嘉靖二十一年薨。	安恪王宸浮，端隱嫡一子，弘治
子，嘉靖二十四年襲封。三十八年薨。	
子，嘉靖四十年襲封。萬曆間薨。	
子，萬曆四十三年封長子。天啓二年襲封。	

弋陽	
榮莊王奠壏，惠庶五子，	年以鎮國將軍加封。成化二十二年薨。
僖順王觀鍒，榮莊嫡一	軍。成化二十一年卒。以子宸浮襲封，追封王，謚端隱。
莊僖王宸⿰氵丙，僖順嫡一	二年襲封。十二年革爵。嘉靖二十四年奏復冠帶。二十七年卒。無子，除。
端惠王拱欓，莊僖嫡一	
恭懿王多焜，端惠庶一	

景泰二年以鎮國將軍加封。天順五年薨。	
子，成化二年襲封。弘治十年薨。	鍾陵觀錐，靖庶三子，成化九年封。弘治十八年，罪降
子，弘治十七年襲封。正德九年薨。	
子，嘉靖二年襲封。三十年薨。	
子，嘉靖三十三年襲封。萬曆五年薨。無子，除。	

庶人，遷鳳陽。正德十三年卒，除。	建安簡定王覲鍊，靖庶四子，成化十七年封。嘉靖十七年薨。
	莊順王宸潚，簡定嫡一子，嘉靖二十一年襲封。三十三年薨。
	昭靖王拱榐，莊順嫡一子，嘉靖三十六年襲封。隆慶四年薨。
	康懿王多㸅，昭靖嫡一子，萬曆元年襲封。二十九年薨。
	王謀壠，康懿嫡一子，隆慶二年封長孫。萬曆二年改封長
	王統鐶，謀壠庶一子，萬曆四十五年封長子，既而襲封。

岷莊王楩，太祖庶十八子，洪武二十四年封。二十八年就藩雲南。建文元	
恭王徽煣，莊王嫡二子，初封鎮南王，景泰三年襲封。天順七年薨。	
順王音埑，恭王嫡一子，成化元年襲封。十六年薨。	
簡王膺鉟，順王嫡一子，弘治元年襲封。十三年薨。	
靖王彥汰，〔四〕簡王庶一子，初封江陵王，弘治十七年襲封。嘉靖二十三年	
康王譽榮，靖王嫡一子，嘉靖二十五年襲封。三十一年薨。	
憲王定燿，康王庶二子，嘉靖三十四年襲封，薨。	
僖靖世子幹跬，憲王庶一子，初封南充王。萬曆十五年改封世子。二十年	子。三十一年襲封，薨。
世孫企鈐，僖靖嫡一子，萬曆二十八年封世孫。四十二年卒。	
王禋洪，企鈐嫡一子，萬曆中封世曾孫。天啓二年襲封。崇禎元年薨。	

年削籍。

永樂元年復封。

洪熙元年遷武岡州。〔三〕

景泰元年薨。

江川

恭惠王

榮懿王

王

薨。

卒。

王企鑾，僖靖嫡二子，初封郡王。崇禎四年進封。十六年被盜，遇害。

無子，叔企鑾立。

徽媚，莊庶三子，宣德四年封。成化五年薨。	廣通 徽煠，莊庶四子，宣德四
音埶，恭惠庶一子，成化十六年襲封。嘉靖元年薨。	
膺鐩，榮懿庶一子，嘉靖三年襲封。萬曆二十五年薨。子孫先卒，除。	

年封。景泰三年，罪降庶人，尋卒，除。	陽宗徽熷，莊庶五子，宣德四年封。景泰五年，罪降庶人，尋卒，

除。

南渭	榮順王音𡏖，恭庶二子，景泰四年封。弘治五年薨。
	膺鉙，榮順庶一子，以鎮國將軍奏准管理府事。正德十二年卒。後子彥濱襲封，追封王，
	安和王彥濱，懷簡嫡一子，嘉靖三年襲封。二十二年薨。
	莊順王舉播，安和嫡一子，嘉靖二十六年襲封。三十九年薨。無子，除。

諡懷簡。	安昌 懷僖王 膺鋪，順嫡一子，成化二年封。十八年薨。	充城 膺鋸，順嫡三子，
	榮和王 彥溶，懷僖嫡一子，弘治二年襲封。正德九年薨。	
	王 譽柳，榮和嫡一子，嘉靖元年襲封。四十一年薨。	
	定烷，譽柳庶一子，嘉靖十九年封鎭國將軍。三十八年卒。	
	王 幹理，定烷庶一子，隆慶三年封長孫，既而襲封，薨。	
	王 企鋼，幹理庶一子，萬曆二十七年封曾長孫，既而襲封。	

黎山 安懿王膺鉻，順嫡四子，成化六年封。弘治十一	成化五年封。二十二年，罪送鳳陽，卒。無子，除。
康靖王彥漢，安懿庶一子，弘治十六年襲封。嘉	
榮僖王譽枚，康靖嫡一子，嘉靖十一年襲封。三	
王定羨，榮僖嫡一子，嘉靖四十一年襲封。	
王幹礓，定羨嫡一子，萬曆四年封長子，既	
王企鉠，幹礓庶一子，萬曆二十一年封長	

年薨。	沙陽 端靖王膺鉋，順嫡五子，成化十三年封。正德十二年薨。	唐年 恭裕王
靖六年薨。	王彥漉，端靖嫡一子，正德十四年襲封。十六年薨。無子，除。	王
十七年薨。		譽欒，彥
萬曆十一年薨。		
而襲封，薨。		
孫。		

膺錄，順庶六子，成化十三年封。嘉靖十八年薨。	
彥溷，恭裕嫡一子，嘉靖二十二年襲封。四十年薨。	南安 彥泥，簡庶二子，弘治十一年封。嘉靖五
洄嫡一子，嘉靖二十三年封長子。隆慶元年卒。無子，除。	

年，罪降庶人，發高牆，除。

南豐

王	彥激，簡庶三子，正德十二年封。嘉靖四十年薨。
王	譽椈，彥激嫡一子，隆慶四年襲封。萬曆十九年薨。
	定獎，譽椈嫡一子，萬曆九年封長子。二十二年卒。
	幹臺，定獎嫡一子，萬曆中封長孫，卒。
王	企厥，幹臺庶一子，萬曆四十五年封曾長孫。既而襲封。

善化

康簡王 譽桔，靖嫡二子，正德九年封。嘉靖三十年薨。	建德 榮安王 譽梴，靖嫡三子，正德六
王 定熧，康簡嫡一子，嘉靖三十三年襲封。萬曆二年薨。	王 定炯，榮安嫡一子，嘉靖
王 幹堷，定熧庶一子，萬曆九年襲封，薨。	幹墡，定炯嫡一子，嘉靖三十四
王 企鉅，幹堷嫡一子，萬曆十二年封長子，既而襲封，薨。	企鎛，幹墡庶一子，隆慶六年封
王 禋澤，企鉅庶一子，萬曆三十六年封長孫。	禋汴，企鎛嫡一子，萬曆二十二

年封。嘉靖二年薨。	漢川康定王譽榛，靖嫡五子，嘉靖元年封。萬曆七年
十二年襲封。萬曆三年薨。	王定烰，康定庶一子，嘉靖四十二年以鎭
年封長子。萬曆三十五年，頒冊，未受命，卒。	
長孫。	
年封曾長孫。	

薨。

國將軍改封長子。萬曆十九年襲封，薨。無子，除。

遂安王譽檡，靖王庶七子，嘉靖十七年封。三十三

	長壽王 譽櫙，靖庶八子，嘉靖十七年封。四十二年薨。無子，除。	年薨。無子，除。
綏寧王		
王		
王		

定炌，康庶三子，嘉靖二十七年封。萬曆二十年薨。	南漳王 定熻，康庶六子，
幹址，定炌庶一子，隆慶元年封長子。萬曆三十五年頒冊，未受命，卒。	
企鋅，幹址庶一子，萬曆十七年封長孫。	

嘉靖三十二年封。三十六年薨。無子，除。	祁陽王 定燨，康庶七子，嘉靖三十一年封，薨。
	王 幹蛙，定燨嫡一子，萬曆二年封長子，既而襲封，
	企鎰，幹蛙庶一子，萬曆二十年封長孫。四十二年卒。
	王 禋泞，企鎰嫡一子，萬曆四十五年封曾長孫，既

	廣濟王 定爗，康庶八子，嘉靖三十六年封。萬曆二十七年薨。	
薨。	幹腫，定爗嫡一子，萬曆九年封長子。三十六年頒册，未受命，卒。無子，除。	青林王
而襲封。		

幹垣，憲庶三子，嘉靖四十五年封，本年薨。無子，除。	常寧王幹坤，憲庶四子，萬曆十五年封。

谷	
橞，太祖庶十九子，洪武二十四年封。二十八年就藩宣府。成祖即位，移	
	四十五年薨。無子，除。

長沙府。永樂十五年坐謀逆，削爲庶人，自焚死，除。

韓

憲王松，太祖庶二十子，洪武二十四年

恭王沖烒，憲嫡一子，永樂九年襲封。〔五〕

懷王範圯，恭庶一子，初封開城王，正統

封，未就藩。永樂五年薨。	
二十二年之藩平涼府。正統五年薨。	
七年襲封。九年薨。無子。	靖王範埛，恭庶二子，初封西鄉王，正統十一年進封。景泰元年薨。
惠王徵釺，靖庶一子，初封高陵王，景泰元年襲封。成化五年薨。	
悼王偕沇，惠庶二子，初封廣安王，成化五年襲封。十年薨。無子。	康王偕灊，惠庶
昭王旭櫏，康嫡	
定王融燧，昭嫡	
謨墺，定嫡一子，	
端王朗錡，安嫡	
敬安世子環浤，	
逵杞，敬安嫡一	
王亶埼，逵杞	

襄陵 莊穆王 沖烼，憲	
恭惠王 範址，莊	
安穆王 徵鈐，恭	
偕㴆，安 穆庶一	三子，初封彰化王，成化十二年進封。弘治十四年薨。
旭櫃，端 和庶一	一子，初封渭源王，弘治十七年襲封。嘉靖十三年薨。
順清王 融焚，懿	二子，嘉靖十五年襲封。四十四年薨。
恭懿王 謨壔，順	嘉靖十八年封世子。四十年薨。謚悼恭。後子朗錡襲封，追封王，改謚曰安。
溫恪王 朗鑽，恭	二子，嘉靖四十五年以鎮國將軍改封世孫。隆慶三年襲封。萬曆三十四年薨。
王 璟洸，溫	端嫡一子，隆慶四年封世子。萬曆二十八年薨。
	子，萬曆二十年封世孫。三十六年薨。
	嫡一子，萬曆三十八年封世曾孫。三十九年襲封。崇禎十六年，賊陷平涼，被執。

庶二子，永樂二年封。成化十三年薨。	樂平　定肅王　沖炏，憲
穆嫡一子，成化十七年襲封。正德元年薨。	範埸，定　肅庶一
惠庶一子，正德六年襲封。嘉靖十七年薨。	恭安王　徵鉦，僖
子，正德七年封鎮國將軍。十五年卒。以孫襲封。追封王，謚端和。	溫定王　偕湃，恭
子，初封輔國將軍，嘉靖十六年改封長孫。二十年卒。以子襲封。追封王，謚懿簡。	旭櫃，溫　定嫡一
簡庶一子，嘉靖二十五年襲封。萬曆十年薨。	昭順王　融熨，安
溍嫡一子，隆慶元年封長子。萬曆十年襲封。十一年薨。	莊簡王　謨㓊，昭
懿嫡一子，萬曆十五年襲封。四十五年薨。	王　朗𨫼，莊
恪嫡一子，萬曆三十三年封長子，既而襲封。	

臨汾王	庶四子，永樂二年封。〔六〕成化十二年薨。
	子，初封鎮國將軍。成化九年卒。以子徵鉦襲封。追封王，謚僖安。
	安庶一子，弘治三年襲封。嘉靖二十二年薨。
	安庶一子，嘉靖二十六年襲封。三十八年薨。
	子，嘉靖三十年以輔國將軍改封長子。三十三年卒。後子融熨襲封。追封王，謚安和。
	和嫡一子，嘉靖四十一年襲封。萬曆四年薨。
	順庶一子，萬曆十一年襲封。四十二年薨。
	簡嫡一子，萬曆四十二年封長子。四十五年襲封。

	沖熰，憲庶三子，永樂二年封。四年薨。〔七〕無子，除。
褒城 昭裕王範埧，恭庶三子，正統二年封。成化二十	
宣惠王徵鉅，昭裕嫡一子，景泰二年襲封。弘治	
安僖王偕洄，宣惠庶一子，弘治十四年襲封。正	
康順王旭櫚，安僖庶一子，正德十年襲封。嘉靖	
溫靖王融㚇，康順庶一子，嘉靖二十年襲封。三	
僖和王謨垣，溫靖庶一子，嘉靖四十七年襲封。	

年薨。	通渭 莊簡王範壂，恭庶四子，正統十二年封。成化五年薨。
十二年薨。	榮靖王徽錸，莊簡庶一子，成化八年襲封。弘治十二年薨。
德五年薨。	恭裕王偕逗，榮靖嫡一子，弘治十五年襲封。正德三年薨。
十六年薨。	安定王旭櫋，恭裕庶一子，正德七年襲封。嘉靖十八年薨。
十一年薨。	端順王融烧，安定庶一子，嘉靖二十二年襲封。三十三年薨。
萬曆間薨。無子，除。	惠穆王謨垧，端順庶一子，嘉靖三十五年襲封。萬曆二十四年薨。
	朗鉽，惠穆嫡一子，萬曆八年封長子。二十一年卒。無子，除。

平利懷簡王範壑，恭庶五子，封後薨。無子，除。

漢陰恭惠王徵鍉，靖庶二子，封後薨。無子。王疾時，妃父周恂謀取他人子納之，長受封。成化十四年事發，恂伏誅，冒封男女俱賜自盡，除。

高平

榮和王

昭簡王

融烇，昭

偕灤，惠庶六子，成化七年封。正德七年薨。	西德 昭僖王 偕瀞，惠庶七子，成化八年封。正
旭櫓，榮和嫡一子，弘治三年襲封。正德十五年薨。	旭樅，昭僖庶一子，弘治元年封長子。正
簡庶一子，嘉靖五年襲封。十五年革爵。三十七年卒。除。	康惠王 融熗，悼昭庶一子，嘉靖元年襲
	端靖王 謨墫，康惠嫡一子，嘉靖二十三
	王 朗鎰，端靖嫡一子，萬曆二十四
	王 璟旲，朗鎰嫡一子，天啓二年襲

德七年薨。

德六年卒。以子融燧襲封，追封王，諡悼昭。

封。萬曆十年薨。

年封長子。萬曆十四年襲封。二十七年薨。

年封長子。三十九年襲封，薨。

封。

隴西安懿王旭林，康嫡三子，弘治十三年封。嘉靖二

十五年薨。無子，除。	寧遠宣和王旭栓，康嫡四子，弘治十三年封。正德十一年薨。
	恭懿王融煥，宣和嫡一子，嘉靖四年襲封。四十一年薨。
	恭靖王謨垙，恭懿嫡一子，隆慶二年襲封，本年薨。
	王朗鑹，恭靖嫡一子，萬曆四年襲封，薨。
	王璟稟，朗鑹嫡一子，萬曆二十三年封長子，既而襲封。

長泰	永福
榮和王旭橫，康庶六子，弘治十七年封。嘉靖十三年薨。	端僖王旭樺，康
恭簡王融焯，榮和嫡一子，嘉靖十七年襲封。萬曆九年薨。	恭靖王融燓，端
謨墳，恭簡庶一子，嘉靖三十年封鎮國將軍。萬曆十一年卒。無子，除。	

庶七子，弘治十七年封。嘉靖二十六年薨。

僖庶一子，萬曆十六年以鎮國將軍襲封。三十九年越關，革爵。除。

建寧恭安王旭楕，康庶八子，

融焨，恭安嫡一子，嘉靖

王謨堂，融焨嫡一

王朗鏔，謨堂嫡一

	弘治十七年封。嘉靖十二年薨。
長洲 定恭王	十七年襲封。三十七年，罪降庶人。隆慶三年卒。
謨壚，定	子，嘉靖三十六年封長子。萬曆二十四年辯淮復爵。二十五年襲封。二十八年薨。
王	子，萬曆三十二年襲封。
王	

融燨，昭庶二子，正德十年封。隆慶五年薨。	崑山 榮康王 融炆，昭
恭嫡一子，嘉靖十五年封長子。三十七年卒。以子朗銃襲封，追封王，謚簡靖。	恭順王 謨埦，榮
朗銃，簡靖庶一子，萬曆二年襲封，薨。	莊簡王 朗錦，恭
璟淩，朗銃嫡一子，萬曆二十四年封長子。天啓二年襲封。	

庶四子，嘉靖元年封。四十三年薨。	長樂 康懿王融焞，昭庶子，嘉靖十二年封。
康嫡一子，隆慶二年襲封。萬曆七年薨。	榮安王謨垏，康懿嫡一子，隆慶四年襲
順嫡一子，萬曆十六年襲封。二十一年薨。無子，除。	朗崟，榮安嫡一子，萬曆二十三年封長
	王璟溏，朗崟庶一子，萬曆三十九

四十三年薨。	
封。萬曆三十五年薨。	高淳 莊懿王諟墭，定庶二子，嘉靖十九年封。四十年薨。
子。三十五年未襲卒。	王朗鎔，莊懿庶一子，萬曆三年以鎮國將軍襲封，薨。
年襲封。	王璟浮，朗鎔嫡一子，萬曆九年封長子，既而襲封，薨。
	王逵朴，璟浮庶一子，萬曆二十七年封長孫。天啓三年襲封。

休寧安靖王讓堬，定庶三子，嘉靖十九年封。三十二年薨。	慶陽莊懿王讓塾，定
端惠王朗鏐，安靖庶一子，嘉靖三十七年襲封。萬曆十四年薨。無子，除。	恭恪王朗鐱，莊

通安端裕王謨墑，定庶六子，嘉靖二十七年封。萬曆	嫡四子，嘉靖二十四年封。三十八年薨。
王朗錆，端裕庶一子，萬曆十二年封長子。	懿庶一子，隆慶四年襲封。萬曆七年薨。無子，除。
王璟漼，朗錆庶一子，萬曆三十五年封長	

二十一年薨。		
二十四年襲封，薨。		
子，既而襲封，薨。	崇明懷莊王璟清，端嫡二子，隆慶四年封。萬曆十一年薨。	長吉莊靖王
		王

璟瀾，端庶三子，萬曆二年封。二十四年薨。	保德 璟濊，端嫡四子，萬曆四年封。二十年薨。
逵植，莊靖嫡一子，萬曆二十年封長子。二十八年襲封。	

無子，除。	綏平安穆王環洛，端嫡五子，萬曆五年封。二十年薨。無子，除。	咸陽王環漫，端庶六子，

商丘王 端瀿，庶七子，萬曆十四年封，十四年薨。無子，除。	萬曆十一年封，薨。無子，除。

固原王 璟渭，端王庶八子，萬曆二十年封，薨。無子，除。	汶陽王 璟涂，端王庶九子，萬曆二

	瀋　簡王模，太祖庶二十一子，洪武二十四年封。永樂六年就藩潞州，後改
	康王佶焞，簡庶一子，初封武鄉王，宣德七年襲封。天順元年薨。
	莊王幼埲，康嫡一子，天順三年襲封。正德十一年薨。
	恭王詮鉦，莊庶一子，正德三年以西陽王改封世子。十三年襲封。嘉靖
	勛泚，恭庶一子，初封福山王，嘉靖四年先薨。一子未名，卒。二子未封，卒。
	允榿，靖嫡二子，嘉靖六年管理府事。九年薨。無子。以再從弟允移嗣封。
十三年封，薨。無子，除。	

潞安府。宣德六年薨。
六年薨。
以從姪允移嗣封，追封王，諡曰靖。
追封王，諡曰懷。憲王允移，靖從弟，靈川王勛漕嫡一子，嘉靖五年襲封靈川王。九年，以懷王絕嗣，管理
宣王恬烄，憲嫡二子，嘉靖三十一年襲封。萬曆十年薨。
定王珵堯，〔一〕宣嫡一子，嘉靖三十七年封世子。萬曆十二年襲封。
王效鏞，珵堯嫡一子，萬曆八年封世孫。十三年改封世子。

陵川康肅王佶熸，簡庶二子，永樂二	
幼壂，康肅嫡一子，正統十三年	
康簡王詮鏤，懷懿庶一子，成化	
勛濂，康簡嫡一子，弘治三年封	
莊安王允杲，悼康嫡一子，嘉靖	府事。十年嗣封。追謚其祖詮鉌爲安王，父爲惠王。二十八年薨。
溫穆王恬熵，莊安嫡一子，隆慶	
王珵墉，溫穆庶一子，萬曆	

十二年封。成化十年薨。	平遙僖靖王佶熌，簡庶三子，永樂二十二年
封長子。成化八年卒。以子詮鏤襲封。追封王，謚懷懿。	懿安王幼壏，僖靖嫡一子，正統二年襲
十三年襲封。嘉靖十年薨。	
長子。嘉靖九年卒。以子允杲襲封，追封王，謚悼康。	
十四年襲封。三十九年薨。	
元年襲封。萬曆二十七年薨。	
二十一年封長子。三十年襲封。四十年薨。	

封。正統十一年薨。	黎城 昭僖王佶熥，簡庶四子，宣德三年封。正統九年薨。
封。成化間薨。無子，除。	莊惠王幼瑗，昭僖嫡一子，正統十二年襲封。成化十三年薨。無子，除。

稷山	沁水
悼靖王佶焗，簡庶五子，宣德三年封，正統七年薨。	悼懷王佶熅，簡
莊靖王幼烘，悼靖嫡一子，正統十二年襲封。天順六年薨。	安惠王幼埭，悼
榮和王詮鋈，莊靖庶一子，成化五年襲封。正德九年薨。	端懿王詮鐕，安
端簡王勛泟，榮和嫡一子，正德十三年襲封。嘉靖二十年薨。	榮穆王勛灕，端
昭靖王允柯，端簡嫡一子，嘉靖二十四年襲封。四十五年薨。	莊和王允櫰，榮
康和王恬焊，昭靖庶一子，隆慶四年襲封。萬曆十四年薨。	昭定王恬焮，莊
王珵埍，康和嫡一子，萬曆間襲封，薨。	康僖王珵堦，昭
王效鈦，珵埍庶一子，萬曆三十四年封長子。天啟二年襲封。	王效鏗，康

	沁源
庶六子，宣德三年封。正統四年薨。	恭定王佶焞，簡庶八子，宣德三年封。正統十四
懷嫡一子，正統十三年襲封。成化七年薨。	端憲王幼埼，恭定嫡一子，景泰四年襲封。成化
惠嫡一子，成化十二年襲封。正德元年薨。	榮靖王詮鍾，端憲嫡一子，成化十三年襲封。正
懿嫡一子，正德三年襲封。十二年薨。	康僖王勛湊，榮靖嫡一子，正德十一年襲封。嘉
穆嫡一子，嘉靖元年襲封。二十一年薨。	允楊，康僖嫡一子，正德十三年封長子。嘉靖九
和嫡一子，嘉靖二十五年襲封。四十年薨。	康裕王恬煒，悼和嫡一子，嘉靖十五年襲封。萬
定嫡一子，隆慶元年襲封。萬曆二十九年薨。	憲肅王珵墀，康裕嫡二子，萬曆五年以鎭國將
僖庶一子，萬曆十四年封長子。三十三年襲封。	效鐐，憲肅庶一子，萬曆九年以輔國將軍改封

年薨。			
十一年薨。	清源	莊簡王	幼埒，康
德九年薨。		榮僖王	詮鉻，莊
靖二十一年薨。		端和王	勛瀳，榮
年卒。以子恬熚襲封。追封王，謚悼和。		恭裕王	允杒，端
曆十年薨。長子理場，罪發高牆。		王	恬荚，恭
軍改封長子。十三年襲封。三十五年薨。		王	理埫，恬
長孫。十五年，罪降爲庶人。 王 效鋙，憲肅庶二子，萬曆四十三年襲封。			

嫡三子，正統十一年封。弘治十四年薨。

簡嫡四子，初封鎮國將軍，成化十三年繼黎城莊惠王嗣。後以莊簡三子俱卒，奏准歸宗。弘治十年襲

僖嫡一子，正德十一年襲封。嘉靖三十七年薨。

和庶一子，嘉靖四十年襲封。萬曆八年薨。

裕庶一子，萬曆十一年襲封。三十九年薨。

莢嫡一子，萬曆中襲封。

	遼山 宣穆王幼壂，康嫡四子，正統十二年封。弘治十三年薨。
封。正德十年薨。	端和王詮鉞，宣穆庶一子，弘治十七年襲封。正德十三年薨。
	恭靖王勛澄，端和庶一子，嘉靖十年襲封。萬曆三年薨。
	王允杞，恭靖嫡一子，萬曆八年襲封。四十年薨。
	恬烜，允杞嫡一子，嘉靖四十五年封長孫。萬曆三年改封長子。十五年卒。
	王珵地，恬烜庶一子，萬曆四十年以奉國將軍改封長孫，既而襲封。

內丘

恭僖王幼墳，康嫡六子，景泰四年封。正德十二年薨。

詮鈲，恭僖嫡一子，成化八年封長子。正德七年卒。以子勛澲襲封，追封王，諡悼順。

端靖王勛澲，悼順庶一子，嘉靖元年襲封。二十二年薨。

允柲，端靖庶一子，正德六年封長子。嘉靖二十五年頒册，未受命，卒。以子恬熙襲封，追封王，諡

莊懿王恬熙，安裕嫡一子，嘉靖三十年襲封。萬曆十一年薨。

王珵壎，莊懿嫡一子，萬曆十五年襲封，薨。

王效鋰，珵壎庶一子，萬曆十八年封長子，既而襲封。

王迥灊，效鋰嫡一子，萬曆四十三年封長孫。

	廣宗懷靖王幼⿰土未，康嫡七子，景泰五年封。天順八年薨。無子，除。	唐山悼僖王幼墧，康
		榮康王詮鈹，悼
		恭懿王勛潡，榮
安裕。		允楀，恭懿嫡一
		莊惠王恬熇，允
		王珵鄄，莊
		王效鈀，珵

	永年
嫡八子，景泰五年封。成化十七年薨。	榮安王幼㙺，康嫡十子，景泰五年封。正德三年
僖嫡一子，成化十九年襲封。弘治四年薨。	詮鏳，榮安嫡一子，成化九年封長子。弘治十八
康嫡一子，弘治七年襲封。嘉靖三十九年薨。	勛浚，懷僖嫡一子，成化十九年封長孫。弘治十
子，正德五年封長子。嘉靖四十三年卒。	恭裕王允𣚴，悼順嫡一子，正德十六年襲封。嘉
穠庶一子，隆慶三年襲封。萬曆二十年薨。	莊憲王恬定，恭裕嫡一子，嘉靖十七年襲封。三
惠嫡一子，萬曆八年封長子。二十三年襲封，薨。	溫恭王珵封，莊憲嫡一子，嘉靖四十年襲封。隆
鄄嫡一子，萬曆四十年封長子。	

薨。	
年卒。以孫允槦襲封。追封王，諡懷僖。	靈川 榮懿王詮鉌，莊庶二子，成化十九年封。正德四年薨。
七年卒。以子允槦襲封。追封王，諡悼順。	恭裕王勛潛，榮懿嫡一子，正德八年襲封。嘉靖三年薨。
靖十二年薨。	
十七年薨。	
慶二年薨。	

	宜山 康僖王詮鏫，莊庶三子，成化二十一年封。嘉靖十六年薨。
後子允移嗣濬封，郡爵例不襲。	榮端王勛渥，康僖庶一子，嘉靖二十年襲封。萬曆十六年薨。
	允樾，榮端庶一子，嘉靖三十三年封長子。萬曆十二年卒。
	恬燍，允樾嫡一子，萬曆二年封長孫。十三年未襲，卒。
	瑆壅，恬燍嫡一子，萬曆二十八年封曾長孫，既而襲封。

宿遷 榮簡王詮鉹，莊庶四子，弘治三年封。嘉靖二十二年薨。	吳江 昭和王詮鏗，莊
端惠王勛澤，榮簡嫡一子，嘉靖二十六年襲封。三十二年，薨。	榮順王勛清，昭
允柠，端惠庶一子，嘉靖十二年封長孫。三十二年卒。	允栿，榮順嫡一
王恬煙，允柠嫡一子，嘉靖三十六年襲封。隆慶六年薨。無子，除。	王恬羔，允

庶五子，弘治四年封。正德七年薨。	定陶恭靖王詮鑨，莊庶六子，
和嫡五子，嘉靖五年襲封。萬曆二十五年薨。	勛澐，恭靖嫡一子，嘉靖
子，嘉靖三十年封長子。萬曆十六年卒。	王允櫏，恭靖嫡一
栿庶一子，萬曆十八年封長孫。二十九年襲封。三十九年薨。無子，除。	恬鮔，允櫏嫡一子，萬曆
	王珵持，恬鮔嫡一

正德二年封。嘉靖三十一年薨。	雲和王詮鐘，莊庶七子，正德八
四年封長子。三十年卒。以子允櫏襲封，追封王，亦謚恭靖。	
子，嘉靖三十四年襲封。萬曆三十八年薨。	
五年封長子。四十二年未襲卒。	
子，萬曆三十六年封長孫，既而襲封。	

年封。嘉靖三十六年薨。無子，除。

德平

榮順王允榳，惠嫡二子，嘉靖三十七年封。萬曆十年薨。

端和王恬㸅，榮順嫡一子，萬曆十三年襲封。三十二年薨。

王珵雝，端和庶一子，萬曆十四年封長子。三十六年襲封，

王效鋾，珵雝嫡一子，萬曆四十四年封長子，既而襲封。

	鎮康恭裕王恬焯，憲嫡一子，嘉靖三十一年封。萬曆八年薨。無子，除。	安慶端懿王恬爖，憲
薨。		王瑆垣，端

嫡七子，嘉靖三十一年封。萬曆二十二年薨。	
懿嫡一子，萬曆二十二年封長子。三十五年襲封，薨。	保定順惠王理坦，宣嫡二子，嘉靖三十八年
	王效鑿，順惠庶一子，萬曆二十九

封。萬曆二十八年薨。	德化溫簡王珵璣，宣庶三子，隆慶六年封。萬曆二十七年薨。無子，除。
年封長子。三十三年襲封，薨。	

靈壽王　珵塏，宣王庶五子，萬曆二十二年封。二十八年薨。無子，除。	六合王　珵埏，宣王庶六子，

安

惠王楹，太祖庶二十二子，洪武二十四年封。永樂六年就藩平涼府。十

萬曆二十二年封。

五年薨。無子，封除。	唐　定王桱，太祖庶二十三子，洪武二十四年封。永樂六年就藩南陽府。十
	靖王瓊烴，定嫡一子，永樂二十一年襲封。〔九〕宣德元年薨。無子。　憲王瓊
	莊王芝
	成王彌
	敬王宇
	順王宙
	端王碩
	器墭，端
	聿鍵，裕

三年薨。

炟，定嫡二子，宣德三年襲封。成化十一年薨。

址，憲嫡二子，初封舞陽王，成化十三年襲封。二十一年薨。

鍗，莊庶一子，初封潁昌王，成化二十三年襲封。嘉靖二年薨。二子俱殀，姪宇溫嗣。

溫，成親弟文城王彌鉗嫡一子，初封文城王，嘉靖四年進封。追諡其父爲恭王。三十九年薨。

棶，敬庶二子，嘉靖四十一年襲封。四十三年薨。

熿，順庶一子，隆慶三年封世子。五年襲封。崇禎五年薨。

庶一子，萬曆二十二年封世子。後以端王惑於嬖人，被囚遇毒薨。追封王，諡曰裕。

嫡一子，初從世子被囚。萬曆中封世孫。崇禎五年襲封。九年以勤王違制，降爲庶人，發鳳陽高牆。十

七年五月赦出。次年奔福州自立，僭號隆武。大清順治三年八月奔汀州。王師至，被執死。聿𨮁，裕嫡二子。聿鍵立，封爲唐王。大清順治三年十一月，福建平，立於廣州，僭號紹武。踰月，王師至，被執死。

新野

悼懷王瓊煒，定庶二子，宣德三年封。正統元年薨。

恭簡王芝城，悼懷嫡一子，正統九年襲封。成化十一年薨。

宣懿王彌鍋，恭簡嫡一子，成化十四年襲封。弘治十一年薨。

榮僖王宇滬，宣懿嫡一子，弘治十二年襲封。嘉靖三十二年薨。

康靖王宙梳，榮僖嫡一子，嘉靖三十五年襲封。隆慶六年薨。長子碩爗未襲，卒。

王碩燦，康靖庶二子，萬曆六年襲封，薨。

器埛，碩燦庶一子。萬曆四十二年查父碩燦以弟冒兄爵，照世次，降封輔國將軍。

器蜩，碩

三城

康穆王

燁庶四子。萬曆四十六年，器坰以父冒封革襲，器𪕹請嗣郡爵。例封奉國將軍，奉祀除。

芝垝，憲庶三子，成化七年封。正德六年薨。無子，除。

新城

芝坦，憲庶四子，成化九年封。弘治十三

年，以罪革爵。正德十年卒。無子，除。	承休 榮和王芝垠，憲庶五子，成化七年封。二十年革爵。弘治
	昭毅王彌鋠，榮和庶一子，嘉靖二年襲封。二十一年薨。
	安僖王宇淵，昭毅嫡一子，嘉靖二十四年襲封。萬曆十
	宙枝，安僖嫡一子，嘉靖二十四年封長子。萬曆五年卒。
	王碩鏢，端惠庶一子，萬曆十八年襲封。

七年復。正德十五年薨。	蕩陰 昭安王芝垅，憲庶子，成化九年封。正德十六年薨。
	端肅王彌鍔，昭安嫡一子，嘉靖三年襲封。三十五年薨。
四年薨。	宇澄，端肅嫡一子，嘉靖六年封長子。十九年卒。以子宙欒襲封。
以子碩鰾襲封。追封王，謚端惠。	榮簡王宙欒，悼懷嫡一子，嘉靖三十八年襲封。萬曆十九年薨。

	淅陽溫僖王彌鏟，莊庶一子，成化十五年封。正德六年薨。無子，除。	文城恭靖王
追封王，諡悼懷。		
無子，除。		

彌鉗，莊庶三子，成化十五年封。正德十一年薨。後子嗣唐封，郡爵例不襲。

鄢城

恭端王彌鋠，莊

宇清，恭端嫡一

榮康王宙桃，昭

庶四子，成化二十一年封。嘉靖三十一年薨。	衛輝恭懿王彌鉤，莊
子，正德十三年封長子。嘉靖三十四年卒。以子宙桃襲封。追封王，諡昭憲。	端順王宇漳，恭
憲庶一子，嘉靖三十五年襲封。三十七年薨。無子，除。	宙桐，端順庶一
	溫僖王碩煥，榮

庶五子，成化二十一年封。嘉靖二十六年薨。	
懿嫡一子，嘉靖二十九年襲封。四十一年薨。	
子，初封鎮國將軍。嘉靖四十年卒。以子碩熿襲封，追封王，謚榮昭。	
昭庶一子，嘉靖四十三年襲封。四十五年薨。無子，除。	
	福山王
	器埉，端庶五子，

萬曆二十五年封，薨。

清源

王器埏，端王庶六子，萬曆二十五年封。二十六年薨。無子，除。

安陽

王 器埈，端 庶七子，萬曆二十七年封，薨。	寶慶 王 器增，端 庶八子，萬曆三十一年封，薨。

永興王

器培，端王庶九子，萬曆二十七年封。三十八年薨。無子，除。

永壽王

器圻，端王庶十子，

郢靖王棟，太祖庶

德安王器壖，端庶十一子，萬曆四十二年封。

萬曆三十七年封，薨。

二十四子，洪武二十四年封。永樂六年就藩安陸州。十二年薨。無子，封除。

伊

厲王㰘，太祖庶

簡王顒炔，厲庶

勉堡，簡庶一子，

悼王諟鈲，安嫡

二十五子，洪武二十四年封。〔一〇〕永樂六年就藩河南府。十二年薨。
一子，永樂二十二年襲封。〔一一〕天順六年薨。
初封洛陽王。天順八年薨。以子諟鈲襲封，追封親王，諡曰安。
一子，成化二年襲封。十一年薨。無子。定王諟銙，安嫡四子，初封鄴城王，成化十三年進封。正德三年
莊王訏淵，定嫡一子，正德六年襲封。嘉靖五年薨。無子。敬王訏
典楧，敬

	光陽榮靖王勉坍，簡庶二子，成化四
薨。	
淳，定庶二子，初封濟源王，嘉靖六年進封。二十一年薨。	
庶一子，嘉靖二十三年襲封。四十三年，罪降庶人，發高牆，除。	

年封。正德七年薨。無子，除。	
	方城 懷僖王諟鏶，安庶二子，成化四年封。二十一年薨。
	昭和王訏注，懷僖嫡一子，弘治二年襲封。嘉靖三年薨。
	典楁，昭和嫡一子，正德二年封長子。嘉靖二年卒。以子褒熇襲
	溫僖王褒熇，懷順嫡一子，嘉靖九年襲封。三十六年薨。
	王珂播，溫僖庶一子，嘉靖四十年襲封。萬曆二十三年薨。
	王采鍮，珂播庶一子，萬曆二十四年封長子。二十六年襲
	王鳳瀓，采鍮嫡一子，萬曆四十四年封長子，既而襲封。

	西鄂 安僖王諟欽，安庶三子，成化四年封。十五年薨。	
	恭靖王訏滐，安僖嫡一子，弘治元年襲封。正德七年薨。無子，除。	
封。追封王，諡懷順。		萬安
封，薨。		

康懿王典櫍，敬庶二子，嘉靖七年封。以奉祀。隆慶四年薨。
昭和王褎熫，康懿嫡一子，萬曆二年襲封。二十六年薨。
恭宣王珂佳，昭和嫡一子，萬曆二十一年封長子。二十九年襲封。以就府營福藩，別城永寧，尋薨。
王采鑑，恭宣嫡一子，襲封。崇禎九年二月以盜熾，請加築永寧城。十四年，闖賊破城，遇害。

安樂 襃爋，典楧庶五子，嘉靖二十九年封。三十二年革爵。四十三年卒。無子，除。

靖江 守謙，太

附 悼僖王

莊簡王

相承，莊

昭和王

端懿王

安肅王

恭惠王

康僖王

溫裕王

祖嫡兄南昌王興隆子，文正嫡一子，洪武三年封。九年就藩桂林府，尋廢爲庶人。七年復爵，使居雲南，

贊儀，守謙嫡一子，建文二年襲封。永樂元年就藩。六年薨。

佐敬，悼僖庶一子，永樂九年襲封。成化五年薨。

簡嫡一子，正統元年封長子。天順二年卒。以子規裕襲封，追封王，謚懷順。

規裕，懷順嫡一子，成化七年襲封。弘治二年薨。

約麒，昭和嫡一子，弘治三年襲封。正德十一年薨。

經扶，端懿嫡一子，正德十三年襲封。嘉靖四年薨。

邦薴，安肅嫡一子，嘉靖六年襲封。隆慶六年薨。

任昌，恭惠嫡一子，萬曆五年襲封。十年薨。憲定王任晟，恭惠庶二子，萬曆二十年

履燾，康僖嫡一子，萬曆十三年襲封。二十年薨。無子。叔任晟立。榮穆王履祐，憲定嫡二子，萬曆二十八

王亨嘉，榮穆庶一子，萬曆四十三

還鳳陽，後召錮京師。二十五年卒。

以輔國將軍進封。三十八年薨。長子履祥先卒。

年以奉國將軍改封長子。四十年襲封，薨。

年封長子。崇禎中襲封。大清順治二年叛，稱監國，爲福王總督丁魁楚、巡撫瞿式耜所殺。

校勘記

〔一〕王帥鍪至天啓六年薨　帥鍪，熹宗實錄作「師鍪」。原脫「天啓六年薨」五字，據熹宗實錄卷七二天啓六年十月庚戌條補。

〔二〕磐烒　原作「盤烒」，據本書卷一〇〇諸王表一注引寧府排行字、太宗實錄卷四〇永樂四年二月丁卯條改。本卷下文寧府排行的四個「盤」字，都改作「磐」。

〔三〕洪熙元年遷武岡州　洪熙元年，原作「永樂二十一年」，據本書卷一一八岷王楩傳、仁宗實錄卷九下洪熙元年四月丙寅條改。

〔四〕靖王彥汰　彥汰，原作「彥法」，據本書卷一一八岷王楩傳、明史稿表三諸王世表、世宗實錄卷五九嘉靖四年閏十二月乙丑條、弇山堂別集卷三二改。

〔五〕永樂九年襲封　永樂九年，原作「永樂八年」，據太宗實錄卷七九永樂九年十月癸卯條改。

〔六〕樂平定肅王沖焱憲庶四子永樂二年封　憲庶四子，原作「憲庶三子」，二年，原作「三年」，據太宗實錄卷三七永樂三年九月丁未條改。

〔七〕王沖㷒憲庶三子永樂二年封四年薨　憲庶三子，原作「憲庶四子」，據太宗實錄卷二一永樂元年八月庚戌條改。永樂二年封，四年薨，原作「封後薨」，太宗實錄卷二八把封年記在永樂二年四月甲戌條，卷四五把卒年記在永樂四年九月辛酉條，據補。

〔八〕定王瑆堯　原脫「定」字，據本書卷一一八瀋王模傳補。

〔九〕永樂二十一年襲封　永樂二十一年，原作「永樂十九年」，據太宗實錄卷一二六永樂二十一年八月辛酉條改。

〔一〇〕洪武二十四年封　洪武二十四年，原作「建文三年」，據本書卷三太祖紀、又卷一一八伊王㰘傳，太祖實錄卷二〇八洪武二十四年四月辛未條，弇山堂別集卷三二改。

〔一一〕永樂二十二年襲封　永樂二十二年，原作「永樂二十一年」，據本書卷一一八伊王㰘傳、仁宗實錄卷三上永樂二十二年十月壬子條改。